행복한 결혼을 꿈꾸는 당신에게
이 책을 드립니다.

예비부부와 기혼부부를 위한
결혼코칭

지은이 | 이기복
초판 5쇄 발행 | 2011년 9월 20일
개정판 26쇄 발행 | 2024. 11. 12
등록번호 | 제3-203호
등록된 곳 | 서울특별시 용산구 서빙고동 95번지
발행처 | 사단법인 두란노서원
영업부 | 2078-3333   FAX 080-749-3705
출판부 | 2078-3477

책 값은 뒤표지에 있습니다.
ISBN 978-89-531-1671-9   03230

편집부에서 독자의 의견을 기다립니다.
tpress@duranno.com   http://www.Duranno.com
Printed in Korea

두란노서원은 바울 사도가 3차 전도여행 때 에베소에서 성령 받은 제자들을 따로 세워 하나님의 말씀으로 양육하던 장소입니다. 사도행전 19장 8-20절의 정신에 따라 첫째 목회자를 돕는 사역과 평신도를 훈련시키는 사역, 둘째 세계선교(TIM)와 문서선교(단행본·잡지) 사역, 셋째 예수문화 및 경배와 찬양 사역, 그리고 가정·상담 사역 등을 감당하고 있습니다. 1980년 12월 22일에 창립된 두란노서원은 주님 오실 때까지 이 사역들을 계속할 것입니다.

예비부부와 기혼부부를 위한
결혼코칭

이기복 교수
지음

두란노

이 책의 활용법

1. **독서 데이트로 활용하십시오.**
   현재 데이트 중이거나 결혼을 염두에 두고 있는 두 사람이 함께 만나서 이 책을 읽으십시오. 서로의 비전과 가치관을 알아보면서 조율해 볼 수 있는 좋은 기회가 될 것입니다.

2. **청년부 교재로 활용하십시오.**
   아직 결혼할 대상이 없는 사람들도 사랑과 결혼에 대해 미리 공부하며 만남을 준비하게 됩니다. 또한 건강한 데이트와 바른 배우자 선택을 돕는 가이드북이 될 수 있을 것입니다.

3. **결혼 적령기를 앞둔 이에게 선물해 주십시오.**
   결혼 적령기를 앞둔 자녀, 결혼을 앞둔 친구에게 선물하면 좋습니다. 건강한 데이트와 사랑을 권유하는 좋은 통로가 될 것입니다. 또한 자녀의 결혼을 위해 기도하는 부모님이 읽으면 자녀를 이해하는 마음도 더 할 것이고, 하나님의 마음에 합한 기도로 나아가는 데 유익할 것입니다.

4. 결혼한 2~3커플이 소그룹으로 모여 스터디 교재로 활용하십시오.
일주일에 한 번 정기적으로 모여 8주간 스터디를 진행해 보십시오. 결혼과 가정을 견고하게 세우는 좋은 배움의 기회가 될 것입니다. 공부할 수 있는 분위기를 잘 조성하여 내용에 집중하십시오. 스터디 중에 열린 대화와 나눔이 잘 이루어지도록 서로 경청하고 반응하며 이해하기를 잊지 마십시오.

* 소그룹 모임 시 주의 사항

1. 스터디 중에 누군가를 고치고 가르치려는 태도는 내려놓으십시오. 오히려 자기 자신에게 적용하려고 노력하십시오. 자신이 고치고 변해야 할 부분을 찾으십시오. 토론 중에 이견이 있어도 그대로 용납하며 자유하십시오.

2. 소그룹을 시작할 때 지나치게 종교적이거나 딱딱한 분위기를 연출하지 마십시오. 밝고 즐겁고 아늑한 분위기를 만드십시오. 서로 환영하며 용납하십시오. 간단한 기도로 시작하고, 간단한 기도로 마치십시오. 모든 것을 성령님께서 운영하시도록 맡겨드리십시오. 그러면 좋은 치유와 회복이 따라올 것입니다.

준비된 결혼은 아름답다

—— Prologue ——

　결혼을 소중히 여기는 사람은 인생을 소중히 여기는 사람입니다. 또한 인생을 소중히 여기는 사람은 결혼을 함부로 하지 않습니다. 결혼을 소중히 여겨야 합니다. 결혼도 공부해야 합니다. 사랑도 배워야 합니다. 많은 사람이 결혼을 앞두고 혼수와 예단, 신혼여행과 야외촬영 등은 힘들게 준비하면서도 막상 결혼 후 살아가야 할 결혼생활에 대해서는 준비하지 않는 것을 보게 됩니다. 결혼생활도 준비해야 합니다. 준비된 결혼은 아름답습니다. 남편과 아내의 역할도 배우고 훈련해야 합니다. 결혼 후에 겪게 될 예상문제에 대해서도 대비해야 합니다. 그러면 결혼 후 부딪치는 어려움과 위기를 넉넉히 극복할 수 있습니다. 조금만 열린 마음으로 공부하며 배우려는 자세를 갖는다면 행복한 결혼을 충분히 만들어 갈 수 있습니다.

　요즘 날이 갈수록 결혼과 가정이 쉽게 깨어지는 것을 보면서 안타까운 마음이 듭니다. 앞으로 결혼과 가정을 지켜나가는 것이 더욱 어려워지는 것이 아닐까 우려도 됩니다. 그럴수록 우리가 해야 할 일이 있습니다. 성경의 원리를 전해야 합니다. 사랑에도 법칙이 있고, 결혼에도 원리가 있습니다. 결혼의 섭리가 무엇일까? 창조주 하나님께서 왜 결혼이란 제도를 만드시고 우리에게 선물로 주셨을까? 진정한 사랑이란 무엇일까? 어떻게 사랑을 시작해야 우리들의 결혼이 견고해 질 수 있을까? 예측되는 어려움도 있지만, 그에 대한 성경적 처방도 있습니다. 이러한 주제들에 대해 해답과 희망을 나누고 전해야 합니다.

  이 책은 특히 새롭게 시작하는 가정에 해답과 용기와 소망을 주기 위해 쓰였습니다. 먼저 이 책을 자신의 결혼생활에 적용하고 자신의 가정을 견고히 세워 가십시오. 그러고 나서 다른 가정을 향해 나아가십시오. 지금도 절실히 도움을 구하고 있는 친구들을 향해 나아가십시오. 결혼생활의 위기를 겪고 있는 주위의 사람들을 도와주십시오. 그들의 결혼을 함께 지켜주십시오. 그것이 하나님 나라를 세워나가는 것이라고 믿습니다.

  이 책이 창조주 하나님이 세우신 가정을 원래대로 회복시키는 데 요긴하게 사용될 수 있기를 기도합니다.

— Contents —

이 책의 활용법 … 4
Prologue: 준비된 결혼은 아름답다 … 6

첫 번째 만남
결혼도 비전이다 … 11
01.결혼은 행복이다 … 14 | 02.결혼은 같은 비전을 가지는 것 … 24 |
03.결혼을 주저하고 있는 당신을 위하여 … 32

두 번째 만남
부모를 떠나 … 43
01.정신적인 떠남 … 46 | 02.경제적인 떠남 … 52 |
03.영적, 정서적인 떠남 … 56

세 번째 만남
사랑이란 무엇인가 … 69
01.결핍 사랑 VS 성장 사랑 … 72 | 02.사랑의 세 가지 요소 … 78 |
03.사랑은 훈련이다 … 88

네 번째 만남
자아상의 치유 … 97
01.사랑은 이해하는 것 … 100 | 02.서로를 치유하라 … 113

다섯 번째 만남
친밀감 … 127
01.정서적 친밀감 … 130 | 02.육체적 친밀감 … 148 |
03.성경적 친밀감 … 153

여섯 번째 만남
대화와 갈등해소 … 161
01.대화의 기본 법칙 … 164 | 02.관계를 해치는 대화 유형 … 172 |
03.건강한 대화 유형 … 180 | 04.살리는 말 VS 죽이는 말 … 187

일곱 번째 만남
성격 차이 … 195
01.가족 문화의 차이를 인정하라 … 198 | 02.남녀의 차이를 이해하라 … 204 |
03.성격의 차이를 축복으로 받아들이라 … 207 | 04.영적은사의 차이를 존중하라 … 214

여덟 번째 만남
돈과 경제 … 219
01.재물이 결코 행복을 주지 않는다 … 222 |
02.성경이 말하는 재정의 원리 … 228 | 03.꿈과 비전을 키우라 … 240

부록: 아름다운 결혼식을 기획하라 … 249

첫 번째 만남

결혼도 비전이다

---- introduction ----

인생에는 때와 기한이 있습니다. 봄이 있으면 여름이 있고, 가을이 있으면 겨울도 있습니다. 씨를 심을 때가 있고 거둘 때가 있으며, 청년의 때가 있으면 황혼의 때가 있다는 것을 잊지 마십시오. 결혼 적령기가 따로 없다고 여기면서 싱글로서의 경력과 성공을 좇아 사는 것이 요즘의 추세이지만, 인생에 있어서 결혼 역시 때가 있으며 그 무엇보다도 중요한 삶의 과제인 것입니다.

인생은 짧습니다. 결혼을 계획해야 합니다. 결혼도 비전입니다. 자신의 인생 여정을 설계하면서, 결혼도 함께 계획하십시오. 대략 이 나이 즈음에 결혼을 해서 가정을 시작하겠다는 인생 플랜을 세워 보십시오. 그러기 위해 '결혼이란 과연 무엇일까'라는 결혼제도의 의미와 원리를 생각해 보아야 합니다. 창조주 하나님께서 인간을 만드시면서 왜 결혼제도를 동시에 만들어 주셨을까, 그 섭리와 마음을 헤아려 볼 수 있기를 바랍니다. 사랑하는 형제자매 여러분, 세상의 유행을 따라 살지 마십시오. 남들이 그러니까 나도 덩달아 그렇게 살지 마십시오. 이 세대를 본받지 말고 하나님의 선하시고 기뻐하시고 온전하신 뜻이 무엇인지 분별하면서 살기를 간곡히 부탁하고 싶습니다. 진정한 행복이 무엇인지도 자문해 보십시오. '왜 결혼해야 하는 것일까', '나도 과연 가정을 시작해야 하는 것일까'에 대해서도 깊이 생각해 보십시오. 인간은 하나님의 섭리에 순종하며 살 때 가장 행복할 수 있다는 것을 믿으시기 바랍니다. 혹시 결혼에 대해 두려움을 가지고 있습니까? 사랑에 대해서도 두려움을 가지고 있지는 않습니까? 나의 부모님이 불행한 결혼생활을 했기에 결혼에 대해 주저하고 있지는 않습니까? 부모님이 설사 불행하셨어도, 나는 행복한 결혼생활을 할 수 있음을 믿으시기 바랍니다. 믿음이란 하나님의 사랑과 축복을 신뢰하는 것에서 시작됩니다. 하나님의 도우심을 의지하면서 행복한 결혼을 계획하십시오. 때를 지나치게 놓치지 마십시오. 혼자 사는 것이 편하다고 결혼을 미루지 마십시오. 결혼도 비전임을 기억하십시오. 결혼을 위해 마음을 열어 보십시오. 지나치게 높은 이상형을 찾지도 마십시오. 완전한 사람은 없습니다. 나 자신도 완전하지 않습니다. 그러나 부족한 두 사람이 만나서 함께 성장하는 것이 결혼입니다. 결혼을 앞두고 '결혼의 원리가 과연 무엇일까', '서로 같은 비전을 가진다는 것이 무엇일까'를 한번 생각해 볼 수 있기를 바랍니다.

01

결혼은
행복이다

　결혼제도는 인간의 행복을 위해 창조주 하나님이 만들어주신 복된 선물입니다. 결혼은 진화의 산물이거나 어쩌다가 우연히 만들어진 제도가 아닙니다. 결혼은 창조주의 계획이며 신성한 아이디어입니다. 요즘 가정이 많이 깨어지면서 결혼에 대한 행복 기대치가 낮아지고 있지만, 결혼은 그런 것이 아닙니다. 원래 결혼은 행복하고 아름다운 것입니다. 창조주께서 인간을 신비스럽게도 남자와 여자로 만드신 후, 그들에게 복을 주셨습니다. 서로 사랑하며 보완하며 살기를 원하신 것입니다. 하나님은 우리가 행복하기를 원하십니다. 마치 부모가 자녀의 행복을 원하는 것처럼, 영적 부모이신 하나님은 우리가 행복하기를 원하지 결코 불행하기를 원하시지 않습니다. 다음 성경말씀을 묵상해 보십시오.

> "여호와의 말씀이니라 너희를 향한 나의 생각(plan)을 내가 아나니 평안이요 재앙이 아니니라 너희에게 미래와 희망을 주는 것이니라" (렘 29:11).

그렇습니다. 하나님은 우리에게 미래와 희망과 평안을 주시기를 기뻐하십니다. 결혼은 우리의 행복을 위한 것입니다. 우리는 행복해야 할 의무가 있습니다. 행복한 결혼은 창조주 하나님을 기쁘게 해드립니다. 그런데 행복은 그냥 저절로 오는 것이 아닙니다. 행복을 위해서는 노력이 투입되어야 합니다. 행복은 노력하며 배우며 만들어 가는 사람에게 찾아오는 값진 선물입니다. 창조주의 섭리를 따라 살아간다면, 당신도 행복할 수 있습니다. 복된 삶을 기대하며 소망하십시오. 결혼에 대한 두려움도 버리십시오. 하나님을 의뢰하십시오. 그것이 믿음의 시작입니다. 우리 모두 두려움을 버리고 행복을 찾아 갈 수 있기 바랍니다.

1. 결혼은 서로 돕는 자(helper)가 되는 것이다

　인간은 사회적 존재이기 때문에 잠시 동안 혼자서 고독을 즐길 수는 있겠지만, 계속 혼자 살 수는 없습니다. 나에게는 당신이 필요하고, 당신에게는 내가 필요합니다. 그러한 사회적 필요를 채워주는 최소 단위가 결혼입니다. 물론 우정과 공동체 안에서도 사회적 욕구를 채울 수 있지만, 가정이야말로 인간의 기본욕구인 가장 친밀한 관계를 경험하고 충족시킬 수 있는 곳이 되어야 합니다. 따라서 결혼의 목적 중에 하나는 서로의 정신적, 정서적, 육체적 외로움을 채워주는 것입니다.

　당신이 곁에 있기에 오순도순 이야기를 나누며 외롭고 험난한 인생길을 살아갈 수 있는 것입니다. 살을 에는 칼바람에도 당신이 곁에 있기에 용기와 온기를 얻을 수 있습니다. 당신은 예비 배우자나 배우자의 인생길에서 그의 온기를 채워줄 준비가 되어 있습니까? 그러한 온기를 나누어 줄 만큼 넉넉한 사랑이 준비되어 있습니까? 예비 배우자나 배우자의 필요를 채우고 도울 수 있습니까? 만일 나 자신의 외로움과 필요에만 급급하다면 당신은 돕는 자가 되지 못할 것입니다. 상대방이 나의 외로움과 필요를 채워주고 돕기만을 바란다면 결혼을 위한 마음가짐이 아직 준비되어 있지 않았을지도 모릅니다. 결혼은 서로 보완하고 돕는 것이기 때문입니다.

> "하나보다 둘이 더 낫다. 둘이 함께 노력하면 더 좋은 결과를 얻기 때문이다. 넘어지게 되면 하나가 다른 하나를 일으켜 줄 수 있다.

> 그러나 혼자여서 넘어져도 일으켜 줄 사람이 없으면 얼마나 불쌍한가! 또 둘이 함께 누우면 따뜻해지지만 혼자라면 어떻게 따뜻해지겠는가? 혼자서는 질 일도 둘이서는 당해 낼 수 있으니 세 겹줄은 쉽게 끊어지지 않는다"(전 4:9-12, 우리말성경).

우리는 모두 도움이 필요한 존재입니다. 장점만 있는 사람도, 약점만 있는 사람도 없습니다. 사람은 누구나 장점과 약점을 둘 다 가지고 있습니다. 그래서 우리는 서로가 필요한 것입니다. 서로의 약점을 보완하고 돕는 것이 결혼의 또 하나의 원리입니다. 장점은 격려하며 살려주고, 약점은 내가 도와주어야 합니다. 나는 상대방의 약점을 도와줄 만큼 넉넉한 마음이 준비되어 있는지 점검해 보기 바랍니다. 결혼은 서로 돕는 자가 되는 것이기 때문입니다.

2. 결혼은 기업합병(M&A)이다

결혼은 2인승 자전거와도 같습니다. 둘이 함께 달리기에 훨씬 힘이 나고, 더 높은 상승효과(synergy)를 낼 수 있습니다. 혹 달리다가 한 사람이 지치면 다른 한 사람이 힘껏 페달을 밟아 달려갈 수 있습니다. 함께 페달을 밟으면 더욱 속도를 낼 수 있습니다. 함께 있기에 더 신이 납니다. 서로 힘내라고 격려하면서 때로는 험한 인생의 들판 길을 달려가는 것이 결혼의 여정입니다.

또한 결혼은 기업합병(M&A)으로도 비유할 수 있습니다. 두 개의 기업이 더 큰 생산 효과를 내기 위해 합병을 시도하는 것과도 같습니다. 지금까지 20년 혹은 30년 이상 혼자 독자적인 시스템을 가지고 살아왔지만, 이제 서로의 약한 면을 보완하고 더 큰 생산성을 기대하기 위해 결혼이라는 합병을 감행하는 것입니다. 그러나 합병이란 결코 쉽지 않습니다. 초기에는 더욱 힘들 것입니다. 서로의 시스템과 기업문화가 다르기 때문에 하나 되기가 쉽지 않습니다. 사실 데이트를 할 때에는 서로의 다른 점과 차이가 큰 갈등으로 느껴지지 않습니다. 오히려 차이가 막연한 매력으로 느껴지기도 합니다. 하지만 막상 결혼하면 바로 그 차이 때문에 힘들어하고 싸우기도 합니다. 연애할 때는 사소해 보이던 서로 다른 습관과 체질, 식습관 등이 갈등의 큰 요인이 됩니다.

예를 들어, 나는 추위를 잘 타고 남편은 더위를 못 견딥니다. 에어컨을 켤 것인가, 말 것인가로 싸우게 됩니다. 나는 주말에 집에서 쉬고 싶은데, 아내는 피크닉을 가고 싶어 합니다. 또 나는 아침식사로 간단히 빵을 먹기를 원하는데, 남편은 꼭 밥과 국을 먹기 원한다면 누구의 습관과 시스템을 따라야 할지 골치가 아픕니다. 이때 지금까지 고수해 온 자기만의 시스템을 고집하면 기업합병에 난관을 겪게 됩니다. 자기만의 고유한 특성을 주장하고 고집하면 연합이 어렵게 됩니다. 내 고집만 부릴 것이 아니라 둘이 합쳐서 새로운 문화를 만들어 가야 합니다. 필요한 것은 유연성과 열린 자세입니다. 그래서 결혼은 자기를 내려놓는 겸손한 자세를 요구합니다. 자기부인과 겸손은 성공적인 결혼의 열쇠입니다. 결혼을 통하여 새로운 변화와 발전을 가지려면 자기 것을 내려놓고 상대의 것을 받아들이는 열린 마음(open mind)이 필요합니다.

3. 결혼은 함께 음악을 만드는 것이다

결혼은 이중창(duet)과도 같습니다. 듀엣은 솔로의 아름다움을 넘어서는 조화와 부드러움이 있습니다. 여기서 중요한 것은, 혼자서 솔로 음악을 아름답게 연주할 수 있는 사람이 훌륭한 듀엣 음악도 만들어 낼 수 있다는 사실입니다. 형편없는 솔로가 결코 훌륭한 듀엣을 만들 수 없듯이, 지금 싱글로서 형편없는 삶을 살아가는 사람이 결혼 후 아름다운 이중창을 만들 수는 없는 법입니다.

1/2 + 1/2 = 1이 결혼이 아닙니다. 왜냐하면 나란 존재는 1/2이 아니기 때문입니다. 나는 1이라는 하나의 인격체입니다. 때문에 결혼하지 않고 혼자서도 행복할 수 있어야 합니다. 한 인격체와 한 인격체가 만나 둘이 한 팀을 이루는 것이 결혼입니다. 둘이 손을 맞잡고 목적을 바라보고 인생을 바라보는 것이 결혼입니다.

당신은 지금 솔로로서 행복합니까? 인간관계는 어떻습니까? 재정 관리는요? 나쁜 습관은 없습니까? 혼자서도 행복한 사람이 둘이서도 행복할 수 있습니다. 지금 싱글로서 당신의 삶을 점검하며 고쳐 나가는 것, 그것이 가장 중요한 결혼 준비입니다.

결혼은 아름다운 이중창 음악을 만들기 위해 '둘이 연합하여 한 팀을 이루는 것'입니다. 이때 무엇보다 호흡이 잘 맞아야 합니다. 그리고 호흡을 맞추려면 상대방의 소리에 민감하게 귀를 기울여야 합니다. 필요하면 내 소리를 작게 낮추고, 상대의 리듬과 속도에 나를 맞춰야 합니다. 결혼생활에 가장 미숙한 사람은 상대방을 무시하고 자기 목소리만 높이는 사람입니다.

요즘 공주병 왕자병에 걸린 젊은이들이 많습니다. 그런데 젊은이들의 이 같은 자기중심적 태도는 결혼생활에 가장 큰 걸림돌입니다. 배려가 없는 결혼생활은 정말 힘이 듭니다. 반대로 이타심은 성공적인 결혼생활을 위한 가장 큰 덕목입니다. 아내만 혹은 남편만 희생해서는 안 되고 둘이 함께 자기희생을 하겠다는 각오로 결혼생활을 해야 합니다.

이타심도 훈련해야 합니다. 상대를 배려하며 자기 목소리를 낮출 줄 아는 성숙한 태도는 성공적 결혼생활의 비결입니다. 호흡을 맞추고, 리듬을 맞추고, 하모니를 함께 만들어 내는 듀엣 음악, 그것이 결혼입니다. 그래서 결혼은 두 사람이 새롭게 구성하는 팀 빌딩(team building)과도 같습니다. 상대방을 먼저 생각하고, 상대방의 입장을 헤아리며, 상대방을 섬길 줄 아는 이타심이야말로 결혼생활을 위한 가장 큰 준비이며 혼수입니다.

결혼은 이중창(duet)과도 같습니다.

듀엣은 솔로의 아름다움을 넘어서는 조화와 부드러움이 있습니다.

여기서 중요한 것은,

혼자서 솔로 음악을 아름답게 연주할 수 있는 사람이

훌륭한 듀엣 음악도 만들어 낼 수 있다는 사실입니다.

형편없는 솔로가 결코 훌륭한 듀엣을 만들 수 없듯이,

지금 싱글로서 형편없는 삶을 살아가는 사람이 결혼 후

아름다운 이중창을 만들 수는 없는 법입니다.

여기서 잠깐

나의 이기심 체크리스트

( ) 나는 고집이 세다는 말을 자주 듣는다.
( ) 나는 내 의견을 포기하지 않는다.
( ) 나는 공주병, 왕자병의 성향이 있다.
( ) 나는 맛있는 음식이 있을 때 먼저 집는다.
( ) 나는 상대의 입장보다는 내 입장에 민감하다.
( ) 나는 남보다는 나 자신을 위해 돈을 주로 사용한다.

나의 이타심 체크리스트

( ) 나는 나의 필요보다는 상대방에게 무엇이 필요한지 더 신경 쓴다.
( ) 나는 상대방이 행복할 때, 마음이 기쁘다
( ) 나는 상대방이 이야기할 때 잘 듣는 편이다.
( ) 나는 맛있는 음식이 있을 때 상대방을 먼저 챙겨 준다.
( ) 나는 현재 불쌍한 사람들을 돕고 있다.
( ) 나는 기부하는 것이나, 남을 위해서 돈을 사용하는 것이 어렵지 않다.

1. 나 자신을 솔직히 점검해 보면서 서로 마음을 열고 이야기를 나누어 봅시다. 나의 성장 배경을 돌아보면서, 왜 나에게 이기심이 생기게 되었는지를 진솔하게 오픈해 보십시오.

   _____
   _____
   _____
   _____
   _____

2. 우리 모두는 변화될 수 있습니다. 이타심은 연습하고 훈련하면서 발전될 수 있습니다. 이타심 훈련을 위해 지금 당장 실천할 수 있는 것이 무엇인지 적어 봅시다.

   _____
   _____
   _____
   _____
   _____

*주의: 자기 자신에게만 적용하십시오. 상대방을 지적하거나 비난하는 자세는 자제하십시오.

02

결혼은
같은 비전을 가지는 것

    결혼은 산을 오르는 것과 같습니다. 둘이 함께 정상을 향해 오르는 여정이지요. 인생이라는 목표를 향해, 누구에게나 주어진 사명을 함께 이루기 위해, 꿈과 비전을 공유하며 함께 오르는 등산길 그것이 결혼입니다. 등산할 때 중요한 것이 목표와 방향 감각을 잃지 않는 것이듯이, 결혼생활에서도 공유한 목적과 방향성, 꿈과 비전을 잃지 않는 것이 중요합니다. 그런 의미에서 두 사람은 뜻이 같아야 합니다.

> "두 사람이 뜻이 같지 않는데 어찌 둘이 같이 갈 수 있겠는가?"
>
> (암 3:3, 우리말성경)

등산길과 인생길은 유사한 면이 있습니다. 등산길을 오르다 보면 오르막길도 있고 내리막길도 있습니다. 아름다운 들판과 꽃들도 만나지만 갑작스런 눈보라와 비바람을 만날 때도 있습니다. 인생도 그렇습니다. 인생을 살다보면 즐겁고 기쁜 날들도 있지만, 분명 고난과 슬픈 시간들도 있습니다. 봄, 여름, 가을, 겨울의 계절마다 아름다움과 바람이 공존하듯이, 인생의 계절에도 아름다움과 고난이 공존하며, 그 모두에는 나름대로의 의미가 있음을 나중에 깨닫게 됩니다. 그런데 등산길에서 가장 중요한 것은 팀이 하나가 되어야 한다는 것입니다. 고난이 있어도 둘이 손을 꼭 잡고 뚫고 나아가야 합니다. 그러기 위해서는 두 사람이 동반자로서 같은 방향과 목적의식을 잃지 말아야 합니다. 결혼도 마찬가지입니다. 부부가 견고한 한 팀이 되어야 합니다. 부부가 하나가 될 수만 있다면 고난도 넉넉히 이겨낼 수 있습니다. 그래서 부부는 같은 뜻과 목적과 비전을 가져야 합니다.

1. 결혼은 등산과 같다

　부부는 인생이라는 높은 산을 같이 등반하는 동행자입니다. 한 사람이 넘어지고 주저앉았을 때 나머지 사람이 손을 잡아 일으킬 수 있습니다. 내가 지쳐 쓰러지면 당신이 내 곁에서 나를 일으켜 줄 수 있으니 얼마나 든든합니까. 붙잡아 주고, 감싸주고, 용기를 북돋워 주는 당신이 있기에 가파르고 험한 길도 거뜬히 오를 수 있습니다. 부부는 서로 도우며 걸어가는 한 팀입니다. 비바람 속에서도, 아름다운 폭포수 아래에서도 손잡고 함께 걸어갈 수 있는 축복, 그것이 결혼의 여정입니다.

　가정은 베이스캠프와도 같습니다. 산을 오르기 위해 준비하고 휴식하며 재충전하는 곳이 베이스캠프입니다. 그래서 가정은 안식하며 쉬는 곳이어야 합니다. 가정에서 충분한 안식을 취하고 다시 힘을 얻어 세상으로 힘차게 나아갈 수 있어야 합니다. 가정은 폭풍 속에서도 피난처가 되어야 합니다. 그래서 가정은 편안한 곳이 되어야 합니다. 당신은 어떤 배우자입니까? 예비 배우자나 배우자가 세상에서 지쳐있을 때, 넉넉하고 편안한 피난처를 제공할 수 있습니까? 당신의 어린 시절을 한번 회상해 보십시오. 당신의 원가정은 편안한 곳이었습니까? 혹시 늘 긴장되고 불편한 곳은 아니었습니까?

　혹시 나의 부모님이 사랑할 줄도 모르고 사랑받을 줄도 몰랐던 분들이었다고 할지라도, 나는 행복한 결혼을 이루겠다는 생각을 가지십시오. 나는 편안하고 즐거운 가정을 세우겠다는 믿음을 가지십시오. 건강한 가정을 세우겠다는 다짐을 하십시오. 그러기 위해 결혼을 준비하고 공부하는 것입니다. 예비 배우자로서 혹은 배우자로서 먼저 배우고 성장하고 변화하고 발전하겠다고 결단하십시오. 그러기 위해 지금부터 자신의 삶을 점검하고 자신을 소중히 사랑하십시오.

여기서 잠깐

1. 당신은 예비 배우자나 배우자에게 편안함을 제공하고 있습니까? 예비 배우자나 배우자가 낙심에 빠졌을 때 용기를 주는 피난처입니까? 자신을 돌아보십시오.

2. 지금 당신은 마음의 평안을 소유하고 있습니까? 아니라면 평안을 잃게 만드는 원인은 무엇입니까? 어떻게 하면 마음의 평안을 유지할 수 있을지 생각해 보십시오.

2. 비전을 공유하고 함께 나아가기

우리 모두에게는 인생을 살아가야 하는 목적과 의미가 있습니다. 그저 돈을 많이 벌어서 안락한 삶을 살겠다는 그러한 목적보다는 더 높고 고상한 목표와 비전이 있어야 할 것입니다. 결혼은 남자와 여자가 한 팀이 되어 같은 방향을 바라보며 걸어가야 하기 때문에 무엇보다 두 사람이 비전과 목표를 공유해야 합니다. 그럴 때 인생길을 좀 더 힘 있게 걸어갈 수 있습니다. 만일 두 사람이 가치관도 많이 다르고, 삶의 우선순위와 목적도 다르고, 비전도 상이하다면 결혼 후에 갈등과 어려움을 겪게 될 것입니다. 그래서 배우자를 선택할 때는 될 수 있으면 인생의 비전이 유사한 사람이어야 합니다. 물론 두 사람이 모든 가치관과 목표가 완전히 일치하기란 현실적으로 쉽지 않습니다. 따라서 결혼 전이라면 서로 인생의 꿈과 비전에 대해 마음을 열고 대화함으로써 어느 정도 유사한지를 살펴보아야 합니다. 그러나 지금은 서로 달라도 함께 좋은 책들을 읽으며, 성경공부 모임에도 함께 참석하면서, 서로의 비전을 도전하며 조율해 갈 수도 있습니다. 현재는 비전이 달라도, 하나님께서 일치시켜 주실 때까지 기다리는 인내도 필요합니다. 이미 결혼을 했다면, 하나님께 기도하며 배우자와 뜻이 일치될 때까지 기다려야 합니다. 하나님은 연합과 일치를 기뻐하십니다. 남편과 아내가 하나로 일치하기만 하면, 부부는 한 팀이 되어 인생을 일사불란하게 전진할 수 있습니다.

여기서 잠깐

1. 지금 내 인생의 목적은 무엇입니까?

　
　
　
　

2. 20년 후 내가 바라는 삶의 모습을 적어 보십시오.

　
　
　
　

3. '나는 이러한 가정을 만들고 싶다'라는 당신이 꿈꾸는 미래 가정을 향한 목표와 모습을 '우리 가정 비전 선언문'으로 적어 보고, 서로 나누어 보십시오.

03

결혼을 주저하고 있는
당신을 위하여

　성격이 털털해서 주변에 사람이 많은 A자매는 결혼을 해야겠다는 마음은 있으나 막상 실전에서는 매우 조심스럽고 주저하는 마음 때문에 좀처럼 진전을 보지 못합니다. 만일 남자를 잘못 만나면 어쩌나 싶기도 하고, 결혼하면 지금까지 쌓아 온 커리어를 포기해야 할지도 모른다는 두려움도 있습니다. A자매는 좋은 사람을 소개시켜 주겠다는 주위 사람들의 제안을 모두 거절했습니다. 주위 사람들의 소개로 남자를 만나면 곧바로 결혼으로 향하게 될 것이 두렵기 때문입니다. 그녀는 언젠가 멋진 남자가 나타나 동화와 같은 인생을 리드해 주기를 기다릴 뿐입니다.

B형제는 30번 이상 맞선을 보았으나 마음에 꼭 맞는 사람을 만나지 못했습니다. 자신의 박봉을 감내하며 살림을 알뜰하게 꾸려 줄 자매를 만나고 싶지만, 쉽지 않습니다. 또 막상 마음에 들어도 하나님이 주신 자매가 맞는지 확신이 서지 않습니다. 맞선이 잦아지면서 지난번에 만난 사람과 비교하며 저울질 하는 습관도 생겼습니다. 부모는 하루라도 빨리 결혼하라고 성화지만, B형제는 도대체 자기 짝을 결정하기가 어렵습니다.

요즘 많은 젊은이들이 결혼을 주저하며 늦추곤 합니다. 아예 결혼할 마음이 없는 것처럼 보이는 젊은이들도 있습니다. 특별히 독신의 은사를 가진 것도 아닌데 결혼의 계획조차 세우지 않는 이유가 무엇일까요? 결혼을 해도 좋고, 안 해도 좋다고 생각하는 걸까요? 결혼의 중요성을 깨닫지 못해서일까요? 도대체 결혼을 주저하거나 두려워하는 이유가 무엇일까요?

1. 마음의 빗장을 열어 보십시오

아직 배필을 만나지 못했다면 자기 자신을 점검해 보기 바랍니다. 혹시 사람을 만나 교제하는 것을 어려워하거나 너무 소극적이거나 그것도 아니라면 의도적으로 피하고 있지는 않습니까? 평소에 건강한 교제 그룹에 속하는 것을 피하고 있지는 않습니까?

믿음의 배우자를 원한다면, 믿음의 공동체에 참여하십시오. 그래서 DTS도 가고, 코스타도 가고, 수련회도 가고, 은혜의 자리에도 참여하십시오. 직장에서도 신우회에 참여하십시오. 특히 봉사활동이나 단기선교 등을 함께 가면, 평소에 알지 못하던 면들을 볼 수 있어 좋습니다. 공동체 속에서 그 사람의 인격과 인간관계를 관찰할 수 있기 때문입니다.

평소에 동성 친구들과도 우정을 쌓고, 이성 친구에게도 마음을 열어 교제하며 폭넓은 인간관계를 갖기 바랍니다. 그리고 열린 마음으로 폭넓은 교제의 자리에 적극 참여하기 바랍니다. 무리 속에서 자신의 인격과 성격과 관계를 가꾸어 가다 보면 뜻이 잘 맞는 사람을 만나게 됩니다. 가만히 있으면서 누군가 동화처럼 나타나기를 기다리기는 것은 비현실적인 태도입니다. 결혼과 배우자를 위해 기도하면서 마음의 문을 활짝 열고 만남의 기회에 적극 참여하기 바랍니다.

인생의 시간표가 있다면 그 여정을 그려 보십시오. 천하 범사에 기한이 있고 천하만사가 다 때가 있습니다. 결혼에도 때가 있습니다. 직업도 성취도 중요하지만 배우자를 선택하는 일도 아주 중요합니다. 나와 잘 맞는 배우자를 만나 가정을 세워 가는 것도 중요한 비전입니다. 직장 일에만 매달려 돈과 성공을 향해 달려가다 보면, 인생의 중요한 축을 놓치기 쉽습니다.

결혼은 축복입니다. 결혼을 위해 기도하십시오. 결혼하면 하나님의 사랑과 그 섭리와 비밀을 깨닫게 됩니다. 또 결혼생활을 통해 나의 인격이 연마됩니다.

현재 당신의 삶에서 우선순위를 점검해 보십시오. 내가 어디에 시간을 사용하고 있는지도 돌아보십시오. 그러면서 결혼과 가정을 위해 기도하고 구체적인 계획을 세울 수 있기를 바랍니다.

2. 경제적인 문제는 하나님께 맡기세요

결혼을 미루는 사람들 중에서 경제적으로 준비가 안 되었다고 말하는 사람들이 많습니다. 물론 결혼에 있어 경제 문제는 아주 중요한 요소입니다. 하지만 모든 것을 다 갖추고 시작하려는 태도는 재고해 보아야 합니다. TV를 보면 멋진 집과 자동차를 가진 남자가 여자에게 멋지게 프러포즈 하곤 합니다. 그러나 그런 기준으로 보면 세상에 결혼할 수 있는 사람은 별로 없습니다. 가난해도 결혼할 수 있습니다. 다 갖추지 않아도 시작할 수 있습니다. 지금은 부족하지만 결혼해서 함께 힘을 합쳐 하나씩 일구어 가는 모습도 얼마나 아름다운지 모릅니다.

나는 가난한 신혼생활을 했습니다. 여섯 개나 되는 아궁이에 때마다 연탄을 갈아줘야 하고, 화장실에 가려면 저 멀리까지 가야 하는 그런 집에서 살았습니다. 지금은 당시 고단하던 신혼 시절이 우리 부부의 추억거리가 되어 생각날 때마다 이야기꽃을 피우곤 합니다.

단칸방에서 가진 것 없이 시작하는 것도 괜찮습니다. 어떤 사람은 모든 것을 갖춘 사람을 만나겠다고 하지만 그것은 잘못입니다. 나도 완벽하지 않듯이, 완벽한 사람은 없습니다. 지나치게 세상적인 조건이나 물질적인 관점에서 사람을 고르지 마십시오. 물질의 풍요가 반드시 행복을 보장하지 않습니다.

모험심을 가지세요. 좋은 자동차나 안정된 집이 없어도 행복할 수 있습니다. 경제적으로 다 갖춘 뒤에 결혼하려면 이미 늦을 수 있습니다. 믿음을 가지고 하나님의 축복을 기대하십시오. 하나님을 의뢰하면 일용할 양식과 필요는 하나님께서 공급해 주신다는 믿음으로 시작하십시오.

다음과 같이 프러포즈하면 어떨까요?

Proposal of marriage

"나는 지금 모든 것을 다 갖추지는 못했습니다.
당신에게 화려한 모든 것을 지금 다 드릴 수는 없습니다.
그러나 나는 성실함으로 열심히 살려고 합니다.
당신과 함께 모든 것을 하나씩 일구어 나가고 싶습니다.
당신과 함께 복된 가정을 만들어 가고 싶습니다.
당신을 사랑합니다.
나와 결혼해 주십시오."

여기서 잠깐

1. 결혼을 두려워하는 마음이 있다면, 그 원인을 살펴보고 나누어 보십시오.

2. 결혼을 위해 기도하십시오. 좋은 사람 만나서 행복한 가정을 만들게 해달라는 소원과 결단을 주님께 올려드리십시오.

3. 성숙한 배우자를 만나게 해달라고 기도하십시오. 그리고 내가 먼저 성숙한 배우자감이 되도록 준비하십시오.

4. 행복을 기대하십시오. 당신도 행복할 수 있습니다. 행복은 믿음을 가지고 만들어 가는 사람에게 주어지는 복된 선물입니다!

Q&A
Question & Answer

Question

결혼 적령기에 접어든 자매입니다. 저는 배우자가 신앙이 좋고 비전도 같으며 성격도 좋아서 저를 푸근하게 받아 주면 좋겠습니다. 물론 경제력도 있어야 하고, 키는 작으면 안 되고, 인물도 잘생겼으면 더욱 좋고요. 주위에선 저더러 눈이 높다고 말하지만, 전 제가 원하는 조건이 포기되지 않습니다. 기다리면 언젠가 이런 형제를 만날 것만 같습니다. 어떻게 기다려야 할까요?

Answer

자매님은 배우자에 대해 환상을 가지고 있는 것 같습니다. 그러나 우리는 모두 현실 속에 존재하는 지극히 평범한 사람들입니다. 나 자신에게도 부족한 면이 있듯이 어느 누구도 완벽할 수 없습니다. 자매님이 바라는 조건들을 다 갖춘 사람은 쉽지 않습니다. 설사 다 갖췄다 해도 그 사람에게는 또 다른 약점과 문제가 있을 것입니다. 100점짜리는 없습니다. 멀리서 100점으로 보이는 것보다, 가까이서 70점인 사람이 더 안전할 수 있습니다. 또 명심해야 할 것은 외부 조건들은 변할 수 있다는 사실입니다. 그러므로 변하지 않는 것들을 보아야 합니다. 인격과 믿음과 성품이 가장 중요하다는 말입니다. 재정적 능력도 변할 수 있습니다. 특히 외모는 나이가 들면서 달라집니다. 사회적 위치, 특히 신앙 인격의 성숙이 뒤따르면 외모는 멋있게 변화할 수 있습니다. 반대로 지금은 키도 크고 잘생겼어도 내면의 인격이 자라지 않으면 볼품없이 변하는 것을 흔히 보게 됩니다. 현재의 조건보다는 10년 후, 20년 후의 모습을 그려 보십시오. 더 큰 문제는 자매님이 원하는 조건들을 다 갖춘 사람을 기다리다 보면, 결혼 적령기를 놓칠 수 있습니다.

하나님의 관점을 가지십시오. 그리고 귀한 것을 볼 줄 아는 눈을 가지십시오. 현재는 조금 부족해도 앞으로 발전하고 변화할 수 있는 잠재된 가능성을 볼 줄 알기를 바랍니다.

두 번째 만남

부모를 떠나

introduction

결혼은 부모를 떠나는 것입니다. 떠난다고 해서 꼭 거리가 먼 곳으로 가야 한다는 뜻이 아닙니다. 어린 시절부터 지극한 사랑과 헌신으로 양육해 주신 부모이지만, 이제 성인이 되었기에 부모를 떠나 배우자와 연합하여 새로운 가정을 시작해야 하는 것입니다.

> "이러므로 남자가 부모를 떠나 그의 아내와 합하여 둘이 한 몸을 이룰지로다"(창 2:24).

부모와의 진정한 떠남이 없으면 배우자와 진정한 연합을 이룰 수가 없습니다. 건강한 자세포가 성숙하면 모세포에서 분열되어야 다시 재생산의 능력을 갖는 것처럼, 자녀들도 성장하면 부모를 떠나 독립하는 것이 건강한 생명체의 속성입니다.

한국의 유교 문화는 '효'를 으뜸으로 치기 때문에 부모 공경을 유달리 강조합니다. 물론 성경도 부모를 공경하면 "네가 잘 되고 땅에서 장수하리라"(엡 6:3)고 말씀하십니다. 그렇기에 부모를 떠나는 일이 '불효'처럼 느껴져 고민하는 분들이 많습니다. 그래서 "부모를 떠나 아내와 연합하여 둘이 한 몸을 이루라"고 하면 왠지 마음이 불편하고 죄책감마저 들곤 합니다.

　그것은 '부모를 떠남'이 마치 부모를 돌보지 않는 것이라고 오해하기 때문입니다. 진정한 떠남은 성인이 된 자녀가 정신적, 경제적, 정서적 그리고 영적으로 부모로부터 독립하는 것을 의미합니다. 독립이 이루어지지 않은 경우, 양쪽 어른들의 여러 간섭과 개입과 정서들이 얽히고설켜서 실제로 결혼 초에 많은 문제와 갈등이 생깁니다. 진정한 '떠남'은 절대 불효가 아닙니다.

　그러면 이제부터 '떠남과 독립'에 대한 잘못된 통념과 오해들을 살펴보겠습니다.

01

정신적인 떠남

결혼을 앞둔 A자매는 요즘 고민이 많습니다. 엄마를 두고 시집을 가려니 차마 발걸음이 떨어지지 않습니다. A자매는 아버지가 외도하고 밖으로만 도는 가정의 맏딸입니다. 엄마는 아버지 대신 A자매를 의지하며 살았습니다. "네 아버지가 얼마나 속을 썩였는지 너는 알지? 난 너만 믿고 바라보며 살았다." A자매는 어릴 적부터 엄마의 이런 넋두리를 자주 들었기 때문에 '불쌍한 우리 엄마, 내가 호강시켜 드려야지' 하는 생각을 하며 자랐습니다. 그랬기에 결혼을 앞둔 요즘 '차라리 결혼하지 말까' 하는 생각이 듭니다.

가족상담 이론에 따르면, A자매는 엄마의 대리 배우자 역할을 자신도 모르게 감당해 온 경우입니다. 그래서 성인이 된 후에도 정신적으로 혹은 정서적으로 여전히 엄마와 밀착되어 있습니다. 엄마의 기대와 의존 속에 자랐기 때문에 이 경우 독립이 더욱 쉽지 않습니다. 그러나 부모의 미결된 과제를 자녀가 떠안고 살 수는 없습니다. A자매는 이제 결혼하면 엄마와 정신적, 정서적 밀착 관계를 끊고 부모보다 가정과 배우자를 우선순위에 둔 가정을 꾸려 가야 합니다. 그래야만 건강한 가정을 시작할 수 있습니다.

1. 떠남은 부모를 버리는 것이 아니다

부모를 떠난다는 것은 부모를 유기하거나 불효하는 것을 의미하지 않습니다. 오히려 부모로부터 진정한 독립을 해야 진정한 효도가 가능합니다. 성인이 되어서도 부모를 지나치게 의존하는 사람은 결혼을 하면 많은 갈등을 겪게 됩니다. 부부 중 어느 한쪽의 가정이 결손가정이기 때문에, 외동이기 때문에, 혹은 더 부유하기 때문에 등의 이유로 치우친 효도를 해서는 안 됩니다. 부모의 못다 이룬 한이나 기대가 섞인 결혼생활은 여러 복잡한 문제를 일으키기 쉽습니다.

독립하지 못하는 자녀 뒤에는 '부모의 사랑과 기대'라는 끈이 달려 있습니다. 그런데 이 끈의 또 다른 이름은 '조종하고 간섭하는 끈'입니다. 이 끈을 끊고 배우자와 한 팀을 이루어 건강한 가정을 이뤄야 하는데 이렇게 하려니 왠지 죄의식이 괴롭힙니다. 특히 부모가 평생 고생하여 자녀를 양육했거나, 자녀만 바라보고 산 부모를 둔 경우 더욱 그렇습니다. 결혼을 해 어엿한 독립을 하는 것이 왠지 부모를 버리는 것만 같아 죄책감이 물밀듯이 밀려옵니다.

그러나 쉽지 않겠지만 진정한 독립을 하기로 결정해야 합니다. 그래야 부모와 배우자를 진정으로 사랑할 수 있습니다. 그리고 결혼에 앞서 나 자신은 부모를 떠날 만큼 정신적으로 독립이 되어 있는지 반드시 살펴보기 바랍니다.

건강한 가정은 세대 간의 경계(boundary)가 있는 가정입니다. 윗세대와 아랫세대 간의 얽힘 혹은 섞임이 없어야 한다는 뜻입니다. 나이 많은 부모를 공경하되 어머니를 대비마마로, 아버지를 왕으로 섬기는 것은 삼가고, 부부가 중심이 되어 기능해야 합니다. 부부는 가정의 주축이 되어 자녀를 잘 양육하고, 그 자녀들 역시 성장하여 또다시 건강한 가정을 만들어 갈 수 있도록 독립시켜야 하는 것입니다. 따라서 자녀를 사랑하는 것은 부부가 서로 사랑하는 것에서 시작되어야 합니다. 아빠가 엄마를 사랑하는 모습을 보고 자란 딸은 상처 없이 부드럽게 성장할 수 있고, 엄마가 아빠를 존경하는 모습을 보고 자란 아들은 건강한 남자로 성장할 수 있습니다.

> **주의**
>
> 부모로부터 떠남은 아주 예민한 주제입니다. 열린 마음으로 자신만을 들여다보십시오. 진정한 떠남이 있어야 진정한 부모 공경도 가능하다는 것을 기억하십시오. 그러나 민감한 이슈인 만큼 자기 자신에게만 적용하십시오. 상대방에게 은근히 적용하거나 지적하려는 태도는 금물입니다.

2. 자기 인생을 책임지기로 결단하는 것이 떠남이다

부모를 떠남은 이제 내 인생은 내가 책임지겠다는 결단이며 책임감의 태도입니다. 스스로 선택하고, 스스로 결정하고, 그러한 선택과 결정에 대해 책임질 줄 아는 성숙한 자세가 '떠남'입니다. 물론 부모의 지혜와 연륜을 존중하고 어른의 조언을 구하며 경청하는 것은 바람직하고 성숙한 자세입니다. 그러나 매사에 스스로 결정하지 못하고 부모에게 의존하는 것은 지양해야 합니다. 스스로 결정하다 보면 어느 때는 실수하기도 하고, 잘못된 판단 때문에 곤란에 처하기도 합니다. 그러나 모든 인생의 문제를 스스로 책임질 때 분별력이 생기고 인격적인 성숙도 가져올 수 있습니다. 결혼을 하면 부모의 보호에서 벗어나야 합니다. 이제 어린아이같이 부모를 의존하는 데서 과감히 떠나, 자신의 인생을 스스로 책임질 만큼 어른으로 살기로 결단하는 것이 진정한 떠남입니다.

3. 결혼하면 배우자와 가장 가까운 관계가 되어야 한다

모든 인간관계에는 적절한 거리가 필요합니다. 경계선(boundaries) 이론에 따르면, 관계에는 우선순위와 정도의 차이가 있습니다. 가족 간에도 부부의 관계, 부모 자녀의 관계, 형제자매의 관계마다 적절한 거리가 필요합니다. 그중에서 가장 친밀하고 가까운 관계가 부부입니다. 오륜에 나오는 '부부유별 부자유친'이라는 가르침은 맞지 않습니다. 예를 들면 결혼 후 주의해야 할 것은, 부부 사이에 일어난 일들을 일일이 부모에게 말하지 말아야 합니다. 상담 받으러 온 분들 중에는 간혹 이런 사례가 있습니다.

갓 결혼한 어느 새댁은 남편보다 친정 엄마와 더 친밀합니다. 그래서 부부 싸움만 하면 친정으로 달려가 부부 사이에 일어난 일들을 친정 엄마에게 고해바칩니다. 그러면 친정 엄마는 사위에게 전화해서 사위의 말은 들어 보지도 않고 딸 대신 따지며 야단을 칩니다. 사위는 처갓집으로 가서 무릎 꿇고 빌어서 아내를 데리고 옵니다.

이런 일이 있어서는 안 됩니다. 부부 간에 싸움이 일어났다면 당연히 자기들끼리 해결해야 합니다. 조언을 받고 싶다면 부모보다는 객관적인 제3자나 상담자를 찾는 것이 바람직합니다. 이제 결혼했다면 세상에서 가장 우선되어야 할 사람은 배우자여야 하며, 부부 간이 가장 가까운 관계가 되어야 합니다.

4. 부모님의 지나친 간섭에는 정중히 '노'라고 말하라

부모 중에 유달리 자녀에게 집착하는 분이 있습니다. 강요하고 간섭하는 것이 자녀 사랑이라고 믿는 부모도 간혹 있습니다. 이미 성장하여 결혼한 자녀에게도 일일이 이래라저래라 참견합니다. 이처럼 부모의 영향력 행사가 현재 우리 부부의 연합에 장애가 된다면 과감하고 정중하게 '노'라고 말할 수 있어야 합니다.

결혼한 아들 부부와 함께 사는 어머니가 아들이 퇴근하고 들어오면 "네 아내가 이것저것이 못마땅하다"고 하거나, 또는 며느리에게 "우리 아들의 식성은 누구보다 내가 잘 아니까 오늘 식사 메뉴는 이렇게 저렇게 해라" 하고 간섭하는 경우도 있습니다. 이때는 "어머니, 이제 저희들이 다 알아서 해결해 나가겠습니다. 이제는 염려하지 않으셔도 됩니다. 좀 서투르더라도 곁에서 지켜봐 주세요. 저희들끼리 배워 가며 잘 살겠습니다"라고 어머니에게 말씀드려야 합니다.

여전히 부모를 사랑하고 공경해야 하지만, 결혼 초반부터 선을 잘 그어야 건강한 관계를 지속할 수 있습니다. 부모보다 아내, 부모보다 남편이 가장 우선하는 친밀한 관계가 되어야 함을 반드시 명심하기 바랍니다.

02

경제적인 떠남

부모를 떠난다는 것은 경제적으로도 독립하는 것을 의미합니다. 신혼부부는 대개 돈이 부족한 상태에서 결혼생활을 시작하기 때문에 은근히 부모의 도움을 기대할 수 있습니다. 그러나 돈은 사람을 얽어매는 힘이 있습니다. 하나님을 의지하는 가운데 경제적으로도 모험심과 독립심을 가지고 어떠한 형편에서도 감사하는 마음으로 새롭게 시작할 수 있어야 합니다.

1. 부모의 경제적 도움에 의존하지 말아야 한다

결혼하면 가능한 한 부모의 도움을 받지 말아야 합니다. 부모에게서 경제적 도움을 계속 받는 경우, 부모의 간섭과 조종을 함께 받아야 함을 명심하기 바랍니다. 만일 남편과 아내 중 어느 한쪽의 가정이 부유해서 경제적 도움을 받는 경우, 부부관계에 여러 문제가 발생할 수 있습니다.

어떤 부부가 이혼을 하려고까지 마음을 먹었다가 마지막으로 저를 찾아온 적이 있습니다. 상담을 하는 중에 시어머니가 너무 일일이 참견하는 게 부부 갈등의 발단이라는 사실이 드러났습니다. 그런데 문제의 이면에는 시댁에서 매달 경제적 원조를 받는다는 사실이 있었습니다. 부부는 월급만으로는 차 유지비에 아파트 유지비, 학원비를 감당할 수 없다고 했습니다. 나는 그 부부에게 유지비가 덜 드는 차로 바꿔 타고, 생활비나 아이들 학원비를 줄여서 도움 받는 걸 줄이거나 없애라고 조언했습니다. 하지만 그들은 그렇게 살기는 어렵겠다고 말했습니다. 부모의 간섭이 싫다면 이런 마음은 버려야 합니다. 경제적으로 종속되어 있는 어떤 관계도 동등하거나 자유로울 수 없습니다.

물론 부모가 경제적으로 여유가 있어서 은혜의 선물 같은 도움을 줄수는 있습니다. 집을 장만할 때 보태 주거나 학비를 내주는 경우입니다. 도움을 주시고도 조종이나 간섭이나 대가를 요구하지 않는다면 참으로 감사한 일입니다. 이때는 정말로 크게 감사하는 마음을 가져야 하며, 반드시 말로 표현해야 합니다. 그러나 은근히 부모의 도움을 바라거나 의존하는 것은 옳지 않습니다. 아직 젊을 때 부부가 검소하게 살림을 해서 열심히 재정을 일구어 가겠다는 마음을 가져야 합니다.

2. 부모를 도와야 할 때도 경계선을 그어야 한다

부모가 경제적으로 어려워서 도움을 드려야 할 때가 있습니다. 이것은 자식으로서 마땅히 해야 할 도리입니다. 가족이 곤경에 처했을 때 돌아보지 않는 것은 옳지 않습니다. 더욱이 그리스도인이라면 예수님의 사랑으로 가족을 돌보아야 합니다. 성경에는 "누구든지 자기 친족 특히 자기 가족을 돌보지 아니하면 믿음을 배반한 자요 불신자보다 더 악한 자니라"(딤전 5:8)고 말씀하고 있습니다.

그러나 부모를 도와드릴 때는 부부가 함께 의논해서 결정해야 합니다. 배우자와 의논하지 않고 몰래 도와드리는 것은 바람직하지 않습니다. 자칫 큰 부부 싸움으로 번질 수 있습니다. 그러나 부모나 가족이 지나친 물질과 도움을 바라는 경우, 또는 당연히 받아야 한다고 요구하는 경우, 죄책감을 주면서 요구하는 경우, 절제 없는 생활 때문에 곤경에 처한 경우, 일하지 않고 의존하는 경우에는 적절한 경계선(boundary)을 그어야 합니다. 무책임한 사람들을 무작정 도와주는 것은 그들을 위해서도 옳지 않습니다. 또 그것은 진정한 사랑이라 말할 수 없습니다. 자기 가정이 피폐해질 만큼 휘둘리면서 끝없이 도와주는 것은 건강한 사랑이 아님을 알아야 합니다.

여기서 잠깐

1. 나는 부모에게서 경제적으로 독립할 준비가 되어 있습니까?

2. 나는 남들이 사는 건 다 갖춰야 마음이 편합니까? 이러한 지출 습관이 나의 재정에 어떤 영향을 미칩니까?

3. 부모나 형제, 친구 등이 경제적 도움을 요청했을 때 어떻게 대처합니까?

03

영적, 정서적인 떠남

지금까지 정신적, 경제적으로 부모를 떠나는 것이 무엇인지를 생각해 보았습니다. 이제는 영적, 정서적으로 독립하는 법을 배워야 합니다. 먼저 영적 떠남에 대해 이야기해 보고자 합니다.

기도를 많이 하는 부모를 둔 자녀는 축복 받은 자녀입니다. 나를 위해 기도해 주는 부모가 있으니 얼마나 든든하고 의지가 되겠습니까? 그래서 영적으로 떠나라는 말이 납득되지 않을 수 있습니다. 이 말을 부모가 더 이상 자녀를 위해 기도해선 안 된다는 말로 이해해선 안 됩니다. 영적으로도 부모를 떠나라는 것은 이제 부모의 하나님이 아니라 나의 하나님을 만나야 한다는 뜻입니다. 지금까지는 내 문제를 부모와 상의하고 부모의 말씀대로 따랐다면 결혼 후에는 부부가 함께 기도하고, 함께 헤쳐 나가야 합니다.

또한 정서적으로도 떠나야 합니다. 정서적인 독립을 하려면 나에게 상처를 준 부모에게서 반복해서 상처 받지 않도록, 또 그런 상처가 자기 자녀에게 반복해서 나타나지 않도록 해야 한다는 말입니다. 흔히 '나는 우리 부모처럼 살지 않겠다'고 하면서 결국 부모와 똑같이 살게 되는 것을 봅니다. 이처럼 무의식적인 반복을 피하려면, 정서적으로 떠나야 합니다. 그것은 성인이 되어 부모의 상처를 의식적으로 이해하고, 반복되지 않도록 새롭게 결단하는 과정을 의미합니다.

1. 영적인 떠남 : 나의 하나님을 만났습니까?

야곱은 성경 인물 중 어머니의 편애를 받은 대표적인 사람입니다. 야곱은 어머니에게 의존하는 아들이었습니다. 어머니는 큰아들 에서보다 둘째 아들 야곱을 편애했고 영적으로 장자의 축복권을 받을 수 있도록 아들을 사주했습니다. 하나님께서 이미 야곱을 통해 큰 민족을 이루겠다는 약속을 하셨음에도 자기 방식대로 아들을 조정한 것입니다. 아들은 어머니의 지시대로 아버지를 속이고 축복권을 받아 냈습니다. 그 결과 야곱은 형의 복수를 피해 집을 떠나 오랫동안 돌아가지 못하는 신세가 되었습니다.

어머니와 어쩔 수 없이 헤어짐으로써 부모의 보호와 의존에서 떠나게 된 야곱은 그때야 비로소 사닥다리 사건을 통해 살아 계신 하나님을 만나게 됩니다. 아버지의 하나님, 어머니의 하나님이 아니라 자신의 하나님을 만난 것입니다. 하나님과 일대일로 만나는 영적 독립의 사건이 이루어진 것입니다. 더 이상 어머니에게서 영적 충고를 들을 수 없게 되자, 비로소 하나님만 의지하는 법을 배우기 시작했고 마침내 이스라엘로 변화했습니다.

기도를 많이 하는 영적인 부모를 둔 경우, 자녀는 부모를 많이 의존하게 됩니다. 진로를 위해, 결혼을 위해, 때로는 주님의 음성을 듣기 위해 부모를 의존합니다. 그러나 부모의 하나님이 아니라 나의 하나님을 인격적으로 만나야 합니다. 타인에 의지해서 하나님의 음성을 전달 받는 게 아니라 하나님의 음성을 직접 들어야 합니다. 하나님의 인도하심을 받기 위해 말씀 공부와 기도 훈련도 직접 해야 합니다.

놀라운 것은, 영적인 독립과 함께 살아 계신 하나님을 일대일로 만나고 나면, 전 영역에 걸쳐 부모로부터 건강하게 독립할 수 있다는 사실입니다.

오늘 하나님은 나를 만나기 원하십니다. 나의 인생을 복된 길로 인도하시기 위해 오늘도 기다리고 계십니다. 부모를 떠나 하나님과 더불어 모험의 길, 영적 여정의 길을 떠나기 바랍니다.

2. 정서적인 떠남 : 부모님을 용서했습니까?

때로 결혼 후 멀리 해외로 떠나 살면서도 부모로부터 정서적인 독립을 이루지 못한 사람도 있습니다. 성장 과정에서 겪은 분노, 반항심, 죄책감 등을 여전히 안고 사는 사람도 있습니다. 그래서 어떤 사람은 부모와 연락도 하지 않고 지냅니다. 그런데 문제는 과거 자기가 혐오하던 부모의 언어와 생활 패턴, 인간관계를 자기도 모르게 답습하며 산다는 사실입니다.

이제는 부모의 삶을 새로운 통찰로 바라보고 인식할 수 있어야 합니다. 때로는 부모의 죄에 대해 대신 중보기도를 해야 합니다. 그리고 그럴 수밖에 없었던 사정을 이해하며 부모를 용서해야 합니다.

부모를 용서하기 어려운 사람도 있을 것입니다. 하지만 용서는 과거의 불행을 끊는 놀라운 힘이 있습니다. 용서는 과거를 묻어 두거나 망각하는 것이 아닙니다. 용서는 또 그분의 잘못을 받아들이는 것을 의미하지 않습니다. 잘못에 대해서는 여전히 '노'를 선언해야 합니다. 그러나 용서하지 않으면 미워하느라 많은 에너지와 세월을 낭비하게 됩니다. 결국 자신의 삶이 피폐해지고, 성령 충만한 삶을 살기 어렵습니다. 그래서 용서는 그 사람을 위해서라기보다 나 자신을 위해서 해야 하는 것입니다.

용서는 내가 더 이상 미움과 어두움 가운데 피해자의 삶을 살지 않기 위해 빛으로 나아오는 결단입니다. 용서는 감정만이 아니라, 의지적 결단이며 선택적 행동입니다.

용서는 가해자가 성장 과정에서 받은 상처와 죄 때문에 그럴 수밖에 없었음을 이해하는 데서 시작됩니다. 그 사람도 한때는 피해자였음을 인식하는 데서 출발합니다. 이 세상에 완전한 사람은 없습니다. 우리의 부모도 연약함과 상처와 부족함을 지닌 결코 완전하지 않은 분들입니다. 그렇기에 자녀를 키우면서 의도하지 않게 크고 작은 상처를 주었을 것입니다.

특히 부모의 결혼생활이 불행했을 경우, 자녀는 부모 사이에서 불안, 두려움, 거부감, 죄책감, 분노 등의 정서를 경험하게 됩니다. 부모의 불화가 자녀 탓이 아닌데도 자녀는 부모의 감정 투사를 받을 수밖에 없습니다. 아이는 엄마가 슬프면 같이 슬퍼하고, 엄마가 우울하면 같이 우울해 합니다. 부모의 감정과 자신의 감정을 분리할 줄 모르기 때문입니다. 때로 엄마가 아빠를 미워하면 자녀도 아빠를 미워합니다. 엄마의 미움을 자신의 것으로 내면화해 버리기 때문입니다. 그러면서 '나는 절대로 우리 엄마와 아빠처럼 살지 않을 거야'라고 다짐합니다.

그런데 이상한 일은, 그렇게 다짐할수록 부모의 부정적 요소가 어느새 내 삶 속에서 내면화된다는 사실입니다. 미움은 정서적으로 얽어매는 힘이 있습니다. 그래서 정서적인 독립이 이루어지지 않는 것입니다. 정서적인 독립이 이루어지지 않으면 나 자신의 결혼생활에서도 부모의 단점을 답습하게 됩니다. 그 단점을 나의 자녀도 배우게 됩니다.

그러므로 반드시 부모를 용서해야 합니다. 내가 미워하는 그분도 인간적인, 지극히 인간적인 사람일 뿐이라는 것을 받아들이십시오. 또한 그분에게는 나쁜 면뿐 아니라, 내가 어려서 알지 못한 좋은 점도 있다는 것을 인정해야 합니다. 그리고 가만히 회상해 보면 그분이 내게 행한 좋은 추억들이 있을 것입니다. 그분을 용서할 수 있도록 도와달라고 용서의 근원이신 하나님께 기도하시기 바랍니다. 그것이 부모를 떠나는 결단의 과정입니다.

3. 정서적인 떠남을 위하여 부모에게 편지를 써 보라

결혼은 부모를 떠나는 사건이 될 수 있습니다. 결혼을 앞두었다면 자신을 점검해 보기 바랍니다. 나의 삶 가운데 아직도 유아적인 것이 남아 있다면 그것이 무엇인지 돌아보십시오. 아직도 내 인생의 영역에서 책임을 회피하고 있는 것이 무엇인지 직시하기 바랍니다. 인생에는 용기와 모험이 필요합니다.

결혼을 앞두고 있는 시점에서, 혹은 현재 결혼생활 중이라도 부모에게 편지를 써 본다면 좋은 독립의 연습이 될 것입니다. 편지에는 반드시 그 동안 감사했던 것들을 적어야 합니다. 그리고 마음 아팠던 사건들도 솔회하면서 서로 용서를 주고받으십시오. 이제 성인이 되고 나면 부모도 연약한 인간이었다는 것을 이해하게 됩니다. 그래서 그럴 수밖에 없었던 상황도 이해하게 됩니다. 편지를 써서 부모에게 보내든지, 읽어 드리든지 해서 부모를 정서적으로 떠나는 연습을 해 보십시오.

〈편지의 예〉

사랑하는 아버지께,

결혼을 앞두고 아버지께 처음으로 편지를 써 봅니다.
지난날을 돌아보면 아버지는 참 열심히 일하셨고, 우리를 위해 보호와 재정을 공급해 주셨습니다. 그 덕분에 제가 공부할 수 있었고, 지금의 제가 될 수도 있었습니다. 얼마나 무거운 책임감으로 고생을 하셨을까 이제야 조금 이해가 됩니다. 아버지의 수고와 사랑에 깊은 감사를 드립니다.
그러나 저는 어린 시절 아버지에게서 '사랑한다'는 말을 들어 본 적이 없습니다. 아버지와 놀아 본 기억도 없습니다. 아버지와 놀이를 했거나 함께 크게 웃어 본 기억도 없습니다. 왠지 아버지는 늘 술에 취해 계셨고, 화가 나 있었습니다. 저는 아버지가 집에 들어오면 싫고 무섭고 어려워서 늘 방으로 숨듯이 피했습니다.

그리고 아버지, 제가 가장 힘들었던 것은 어머니에 대한 폭언이었습니다. 어머니를 향해 밥상과 그릇을 내던지던 일들은 저에게 무서운 기억으로 남아 있습니다. 저는 아들로서 연약한 어머니를 보호하고 싶었지만, 저 역시 무서워서 숨을 수밖에 없었습니다. 왜 어머니를 존중하고 사랑하지 못하셨나요? 그때 제가 느꼈던 분노는 지금도 생생하게 살아 있습니다.

아버지, 이제 저도 어른이 되었습니다. 아버지를 보다 객관적으로 바라볼 수 있게 되었습니다. 아버지도 어린 시절 자상한 아버지를 경험해 본 적이 없다는 말을 나중에야 들었습니다. 할아버지의 폭군과 같던 억압을 고스란히 겪으셨다는 것을 알게 되었습니다. 아내를 어떻게 사랑해야 하는지, 아이들에게 어떻게 사랑을 표현해야 하는지 경험한 적이 없었음을 알았습니다.

아버지, 그래서 이제 아버지를 이해합니다. 아버지가 저에게 준 상처를 떠나보내려고 합니다. 아버지를 용서합니다. 아버지가 저에게 용서를 구하지는 않았지만, 아니 아직도 '나는 잘못한 것이 없다'고 생각하실지 모르겠지만 저는 아버지를 용서하고자 합니다. 왜냐하면 제가 아버지가 걸으신 그 길을 반복하지 않기를 바라기 때문입니다.

아버지, 다시 한 번 감사를 드립니다. 저를 낳아 주시고 키워 주시고 공부시켜 주셔서 감사합니다. 저희를 떠나 버리지 않으셔서 감사합니다. 저의 아버지가 되어 주셔서 감사드립니다. 그동안 말썽도 많았고 탈도 많던 아들이 이제 아버지를 떠납니다.

이제 아버지에게서 받은 사랑을 실천하며 살겠습니다. 제 아내에게, 제 자녀에게 사랑을 주겠습니다. 저는 사랑을 표현하며 살겠습니다. 하나님 아버지를 섬기며 살겠습니다.

이제 아버지의 은혜에 보답하는 마음으로 저희 둘, 앞으로 끝까지 서로 사랑하며 행복하게 살겠습니다.

아버지, 사랑합니다.

여기서 잠깐

1. 나는 개인적으로 나의 하나님을 만났습니까?

   _____
   _____
   _____
   _____

2. 나는 나에게 상처를 준 부모를 용서합니까? 지금 부모를 용서하는 기도를 해 보십시오.

   _____
   _____
   _____
   _____

3. 부모에게 감사의 편지를 써 보십시오. 감사, 용서를 구함, 그리고 독립의 내용을 포함하여 써 보십시오.

   _____
   _____
   _____
   _____

Q&A
Question & Answer

Question

결혼한 지 2년 된 주부입니다. 남편이 대학원 공부를 하는 중이어서 제가 직장생활을 합니다. 아기도 하나 있고요. 아이는 낮 동안 시어머니께서 돌보십니다. 그런데 직장생활도 쉽지 않은데 시어머니까지 저를 더 힘들게 합니다. 자주 상처 주는 말을 하는가 하면, 옷이며 가방을 사달라고 요구하고, 시동생과 시누이까지 도와주라고 요구하십니다. 저희 형편을 뻔히 알면서도 계속 바라시기만 하니, 어떻게 해야 할지 모르겠습니다.

Answer

직장생활도 하고, 아이도 키우고, 남편까지 학업 중이라니 얼마나 벅차고 힘이 드십니까? 하지만 자매님, 고생도 다 때가 있습니다. 잘 인내하면 반드시 좋은 날이 올 것입니다. 그런데 자매님 말대로라면 시어머니께서 지나친 요구를 하시는 것 같네요. 우선 남편과 대화를 하십시오. 대화할 때 중요한 것은 시어머니를 비난하거나 헐뜯으면 안 됩니다. 남편은 아들로서 이러지도 저러지도 못해서 오히려 귀가를 늦추거나 회피하려 들지 모르기 때문입니다. 그렇게 되면 결국 부부 문제로 비화되어 오히려 문제를 더 어렵게 만들 것입니다. "내가 얼마나 힘든 줄 당신은 모른다", "내가 벌어서 당신 공부까지 시키는데, 어머니마저 저러시니 정말 괴롭다"는 말은 하지 마십시오. 중요한 것은 남편과의 친밀감에 손상이 가서는 안 된다는 점입니다.

이럴 때는 "여보, 내가 어머니에게 이번에 비싼 가방을 사드리는 것은 어렵다고 했어요. 그러니 당신은 가만히 모르는 척하세요. 내가 어머니에게 해 드릴 수 있는 것은 최선을 다하겠으니, 나를 믿고 지지해 주세요"라고 구체적인 방안을 제시하며 부탁을 하십시오.

그리고 시어머니에게는 할 수 있는 한도 내에서 잘해 드리십시오. 회사에서 일어난 일들을 재미있게 들려 드리고, 아이를 돌봐주어 감사하다고 틈틈이 표현하고, 남편 없이도 모시고 나가 외식을 하면서 평소에 자주 대화를 나누고 친밀감을 쌓으십시오. 시어머니도 사랑이 필요한 분입니다. 딸처럼 살갑게 대하면서도 아닌 것은 아니라고 잘 말씀드리십시오.

"어머니, 저희가 앞으로 잘살아서 어머니 행복하게 해 드릴게요. 그런데 지금은 애비가 공부를 해야 하니까 힘드시더라도 조금만 더 기다려 주세요"라고 당당하게 말하십시오. 어렵겠지만 흔들리지 마시고, 때로는 '노'라고 당당히 표현하면서 지내다 보면 반드시 좋은 날이 찾아올 것입니다.

세 번째 만남

사랑이란 무엇인가

— introduction —

사람들에게 "왜 결혼하느냐"고 물어 보면 어떻게 대답할까요? 짐작대로 대개 "사랑하니까"라고 말합니다. 그들이 말하는 사랑이란 과연 무엇일까요? 세상에는 사랑이라는 단어가 홍수처럼 넘쳐나고 있습니다. 시와 문학, 드라마와 영화, 노래 가사에 이르기까지 사랑 타령입니다. 세상은 사랑 때문에 울고 웃는다고 해도 과언이 아닙니다.

그런데도 여전히 사람들은 사랑을 찾고 찾으며, 영원한 사랑을 찾아 헤매는 것 같습니다. 자신의 영혼까지 충족시켜 줄 진정한 사랑을 만나지 못해서일까요? 사랑이란 단어는 많은 오해와 혼동을 주기도 합니다. 흔히 집착, 애착, 소유, 조종 등을 사랑으로 착각하기도 합니다. 그러나 그러한 것들은 사랑의 모조품에 지나지 않습니다. 뜨거운 감정이나 성적 욕구도 참사랑이라고 볼 수 없습니다. 자아도취나 정신이 홀리는 것도 사랑이 아닙니다.

흔히 짜릿한 감정이 사랑의 시작인 것처럼 착각하기도 합니다. 영화나 CF에서처럼 첫눈에 반하는 사랑을 꿈꾸기도 합니다. 하지만 그렇게 만나 결혼한 많은 사람들이 과연 얼마나 행복하게 살아갈까요? 애석하게도 뜨거운 불로 만난 부부가 쉽게 냉랭한 남남이 되는 것을 흔히 봅니다.

과연 사랑이란 무엇일까요?

고린도전서 13장 4~7절에는 "사랑은 오래 참고 사랑은 온유하며 시기하지 아니하며 사랑은 자랑하지 아니하며 교만하지 아니하며 무례히 행하지 아니하며 자기의 유익을 구하지 아니하며 성내지 아니하며 악한 것을 생각하지 아니하며 불의를 기뻐하지 아니하며 진리와 함께 기뻐하고 모든 것을 참으며 모든 것을 믿으며 모든 것을 바라며 모든 것을 견디느니라"고 선언하고 있습니다.

여기서 말하는 사랑은 감정하고는 상관이 없습니다. 사랑하는 대상의 자격과도 아무 상관이 없습니다. 대상이 사랑스러워서나 아름다워서 사랑하는 것이 결코 아닙니다. 반대로 사랑하고 있는 주체가 사랑의 능력과 성품을 소유하고 있는가에 대해 말하고 있습니다. 나에게 사랑의 능력이 있는가, 사랑의 속성이 있는가, 사랑의 인격이 있는가에 대해 말하고 있는 것입니다. 그런 의미에서 볼 때, 사랑은 너의 문제가 아니라 나의 문제입니다. 너의 자격이 문제가 아니라, 나의 사랑의 성품이 문제일 뿐입니다.

01

결핍 사랑
VS
성장 사랑

사랑의 속성에 대해 연구한 학자들은 많습니다. 에리히 프롬은《사랑의 기술》에서 사랑을 돌봄(caring), 책임감(being responsible), 존중(respect), 이해(understanding)라고 규명했습니다. 스캇 펙은《아직도 가야 할 길》에서 "사랑은 두터운 책임감이며, 대상의 생명과 성장을 돕기 위해 의지와 행동으로 자기를 확장하는 것"이라고 정의 내리고 있습니다. 즉 사랑은 사랑하는 대상이 살아나고 성장하고 발전하도록 나의 의도와 의지로 어떤 조치를 취하는 행동이라는 것입니다. 사랑은 대상의 문제가 아닙니다. 사랑은 객체의 문제가 아니라, 사랑하는 주체의 문제입니다. 사랑하는 사람의 성품이며 인격인 것입니다.

사랑은 크게 '결핍 사랑'과 '성장 사랑'으로 나누어 생각해 볼 수 있습니다. 두 종류의 사랑을 살펴보면서 자기 자신을 들여다 볼 수 있기를 바랍니다. 건강한 부부의 사랑을 위해서 우리가 어떤 사랑을 준비해야 하는지 알아보도록 하겠습니다.

1. 결핍 사랑 : 자신의 욕구를 채우려는 사랑

자기 자신이 결핍되어 있어서 누군가를 사랑하는 것이 결핍 사랑입니다. 자기 내면의 깊은 결핍과 공허감 때문에 누군가를 또는 무언가를 통해 메우려는 것이지요. 보통 자아상이 빈약하고 자존감이 낮은 사람들이 추구하는 사랑입니다.

이런 사람은 "나를 사랑해 줘", "나를 행복하게 해 줘", "나 외로워", "왜 나를 외롭게 하는 거야", "당신 없이는 죽을 것 같아", "나를 영원히 행복하게 해 줘" 하면서 끝없이 상대방에게 집착하고 또 집착합니다. 상대방을 지나치게 사랑하다가 곧 실망하기도 합니다.

이런 사람은 마치 밑 빠진 독과 같아서, 아무리 채워 주고 메워 줘도 끝없는 결핍과 목마름을 호소합니다. 이런 사람에게 사랑은 마치 중독과도 같습니다. 사랑하는 누군가가 곁에 없으면 공허감을 견딜 수가 없는 것입니다. 그래서 한 사람과 관계가 끊어지면 곧 다른 누군가를 찾습니다.

이런 사람은 누군가로부터 사랑받을 수만 있다면, 자기 자신을 쉽게 내어 주기도 합니다. 그러면 또다시 버림받게 되고, 그 결과 사랑에 대한 목마름과 결핍은 더욱 깊어질 뿐입니다.

2. 성장 사랑 : 스스로 충족되어서 흘러 내보내는 사랑

'성장 사랑'이라는 것은 자신 안에 경험되어진 충족된 사랑으로 다른 사람을 또 사랑할 수 있는 능력을 말합니다. 즉 성장 사랑은 자신의 내면 안에 결핍이나 부족함이 없기 때문에 타인을 넉넉히 사랑할 수 있는 것을 의미합니다. 이런 사람은 "나의 행복이 너에게 달려 있다"고 생각하지 않습니다. 사랑의 동기가 자신의 결핍을 너를 통해 채우려는 것이 아니기 때문에 상대방에게 끝없이 집착하거나 요구하지 않을 수 있습니다.

이런 사람은 어린 시절 부모로부터 필요한 사랑을 충분히 받았기에 결핍이 없는 사람입니다. 자존감과 자아상이 건강한 사람입니다. 그래서 타인을 이타적으로 사랑할 수 있을 만큼 넉넉하고 성숙한 사람입니다. 이런 사람은 자신의 사랑으로 상대방을 치유하고 발전시키고 성장시킬 수 있습니다. 상대방이 자신을 미처 사랑하지 않아도 공허감이 별로 없습니다. 마치 이미 자신의 잔이 넘쳐흐르기에 "내 잔이 넘치나이다"라고 고백하면서, 흘러넘치는 사랑으로 상대방을 적시고 성장시키는 것과도 같습니다.

  그러한 사람은 예비 배우자나 배우자를 사랑할수록 자기 자신도 더욱 성장합니다. 즉 사랑하는 사람이나 사랑받는 대상 모두가 발전하고 성장합니다. 그러한 사람은 상대방에게 집착하지 않습니다. 상대방을 이용하거나 착취하지 않습니다. 그래서 '자기의 유익을 구하지 않는 이타적 사랑'이 가능하게 됩니다. 자신의 결핍을 메우려는 동기를 가지고 있지 않기 때문입니다.

여기서 잠깐

1. 나는 혼자 있을 때 얼마나 외로움과 공허감을 느낍니까? 그러한 외로움을 채우기 위해 무엇을 추구하고 있나요?

___

___

___

___

2. 나는 어린 시절 성장에 필요한 부모와 가족의 사랑을 충분하게 받았나요? 아니라면 그러한 결핍이 지금 나에게 어떤 영향을 주고 있나요?

___

___

___

___

3. 예비 배우자나 배우자가 나를 항상 부족하게 사랑하는 것처럼 느껴집니까? 그래서 혹시 의심과 불신이 생기지는 않습니까?

_____
_____
_____
_____
_____

4. 하나님의 사랑이 나에게 충분하게 느껴집니까? "여호와는 나의 목자시니 내게 부족함이 없으리로다"(시 23:1)라는 말씀을 매일 나의 고백으로 올려드릴 수 있습니까?

_____
_____
_____
_____
_____

02

사랑의 세 가지 요소

사랑의 속성에는 감정적 요소, 우정적 요소, 의지적 요소가 있습니다. 헬라어로는 에로스, 필리아, 아가페로 설명될 수 있으며, 스턴버그는 열정(passion), 친밀감(intimacy), 헌신(commitment)으로 설명했습니다.

감정적 요소 = 에로스 = 열정

우정적 요소 = 필리아 = 친밀감

의지적 요소 = 아가페 = 헌신

이러한 사랑의 세 요소가 함께 균형을 이루고 있을 때 사랑은 건강하고 풍성해질 수 있습니다. 어느 것 하나도 불필요한 것은 없습니다. 일반적으로 남녀를 만나게 하는 사랑이 감정적인 사랑이라면, 이렇게 시작된 사랑이 더욱 오래가도록 만드는 것이 우정적인 사랑과 의지적인 사랑입니다. 모든 요소가 사랑을 사랑답게 하는 데 필수적인 것이지만, 그중에서도 의지적 요소의 사랑이야말로 사랑을 가장 영원하고 견고하게 만들어 줍니다.

1. 감정적 요소 : '끌림'이 사랑의 전부가 아니다

감정은 우리의 삶을 아름답고 풍요롭게 만듭니다. 감정 그 자체는 좋은 것입니다. 사랑에도 에로스, 즉 감정적 요소가 결여되면 그 사랑은 메마르고 무미건조한 것이 되고 맙니다. 사랑에 감정적 요소가 없으면 사랑의 원동력을 상실합니다. 에로스의 사랑은 사랑에 생명을 불어넣는 에너지와도 같습니다. 따라서 사랑하는 사람들은 낭만적 감정도 계획적으로 개발하면서 소중히 가꾸어 나가야 할 것입니다. 그러나 감정적 요소가 사랑의 전부라고 한다면, 얼마가지 않아 곧 사랑에 대해 의심하게 되고 실망하게 될 것입니다. 감정은 컨디션에 따라, 분위기에 따라, 호르

몬에 따라 쉽게 변화하기 때문입니다. 그러므로 사랑은 감정만이 아닙니다.

분명 사랑에는 감정적 이끌림, 뜨거운 마음, 심장의 두근거림이 존재합니다. 흔히 "사랑에 빠졌다"고 말하고, "공연히 마음이 끌린다"고 말하는 것입니다. 이성적으로 설명할 수 없지만, 함께 있고 싶고 챙겨 주고 싶고 스킨십을 하고 싶어집니다. 어쩌면 이러한 감정적 요소 때문에 사랑의 만남이 시작될 것입니다.

그러나 요즘 영화나 드라마 등의 대중매체는 이러한 열정적이고 낭만적인 사랑을 지나치게 강조하여 젊은이들을 미혹시키고 있습니다. 분위기만 형성되면, 감정만 고조되면, 술을 한 잔 마시고 나면 사랑한다는 감정이 생기고 곧 감정에 이끌리어 육체적 관계를 허락합니다. 서로 사랑한다고 말하면서 섹스를 나누기도 합니다. 그러나 성욕이 사랑인 줄로 착각했다가, 뜨겁던 감정은 어느새 사라지고 맙니다. 사랑은 감정만이 아니라 우정과 책임감 등도 포함되는 것임을 잊지 말기 바랍니다.

우리는 눈에 보이는 안목의 정욕에 약합니다. 그래서 내면보다는 외모, 진실보다는 미혹의 말에 쉽게 빠져듭니다. 그래서 배우자를 고를 때 판단력이 흐려지기도 합니다. 눈에 보이는 외모보다는 보이지 않는 내면의 아름다움을 볼 수 있기를 권합니다. 사람은 사랑받으면 예뻐지게 마련입니다. 예수님의 사랑이 들어가면 더욱 아름답고 멋있어집니다. 그것이 생명력입니다. 그러한 관점으로 사람을 선택한다면 세월이 갈수록 점점 더 멋있어지는 배우자를 만나게 될 것입니다.

사랑은 우정이라는 단계를 거치는 것이 바람직합니다. '사랑에 빠져서' 교제를 시작하는 것보다는 친구로 지내다가 사랑의 단계로 발전하는 것이 더욱 건강합니다. 처음에는 별로 매력을 느끼지 못하다가도 서로 알아 갈수록 사랑하게 되는 경우가 많습니다. 사귐을 시작하면서는 감정적 요소를 적당히 발전시켜야 합니다. 그래야 사랑이 진전될 수 있습니다. 그런데 감정적 요소는 오히려 쉽게 개발할 수 있습니다. 좋은 분위기와 이벤트와 멋진 사랑의 연출 하나로도 감정은 개발될 수 있습니다.

결혼 후에도 낭만적 요소를 의도적으로 만들어 나가야 합니다. 부부 생활에 낭만이 고갈되면 마치 사랑하지 않는 것처럼 느껴지기 때문입니다. 가끔 좋은 곳으로 여행도 가고, 이벤트를 통해 낭만과 감동을 만드는 시간을 연출하기 바랍니다. 사랑은 노력해야 더욱 풍성해집니다. 사랑의 감정적 요소를 개발하여 부부의 사랑에 아름다운 생기를 불어넣도록 노력을 기울여야 합니다.

2. 우정적 요소 : 배우자는 '베스트 프렌드'다

사랑에 우정의 요소가 없다면, 그것은 숭고한 정신이 결여된 사람과도 같을 것입니다. 에로스가 육체의 사랑이라면 필리아는 정신적 사랑입니다. 굳이 단어로 구분해 본다면 에로스를 '사랑한다'(love)로, 필리아를 '좋아한다'(like)로 설명할 수 있습니다. 물론 필리아가 원래는 형제애 또는 친구 간의 두터운 사랑을 말하는 것이지만, 부부나 연인 간에도 우정의 요소는 중요한 역할을 담당합니다.

부부는 가장 귀중한 친구, 즉 베스트 프렌드가 될 수 있습니다. 그런데 친구가 되려면 서로를 존중해야 하고, 대등한 관계여야 합니다. 한 사람이 다른 사람을 지배하거나 착취하거나 종속하는 관계에서는 진정한 우정이 싹틀 수 없기 때문입니다. 부부 간에도 인격적으로 대등한 관계로 서로를 인정하고 존중할 수 있어야 필리아의 사랑이 이뤄집니다. 예전의 남존여비 사상으로는 필리아의 정신적 사랑은 불가능합니다. 그래서 사랑은 존중입니다.

사랑에 우정의 요소를 두텁게 하려면 꿈과 비전, 목표, 가치관을 공유해야 합니다. 배우자를 선택할 때 동료와 같은 필리아 사랑을 공유할 수 있는 사람인가를 살펴보는 것이 좋습니다. 이것을 '유사성의 원리'라고 합니다. 그래서 가정환경도 비슷하고, 문화도 비슷하고, 취미도 비슷하고, 가치관과 지적 수준도 비슷할수록 사랑은 건강해질 수 있습니다.

그리고 같은 신앙인을 만나길 바랍니다. 같은 진리를 공유한다면 우정은 더욱 견고하고 깊어질 수 있습니다. 같은 신앙을 가진 친구는 언제 만나도 대화가 그치지 않고 깊어지지 않습니까? 마찬가지로 같은 신앙을 가진 사람과 결혼해야 사랑이 더욱 탄탄해집니다. "두 사람이 뜻이 같지 않은데 어찌 동행하겠으며"(암 3:3)라고 기록되어 있듯이, 부부 간에 뜻과 가치관이 다르면 갈등이 깊어집니다.

에로스가 서로 마주보는 요구의 관계라면, 필리아는 나란히 같은 방향을 바라보는 관계입니다. 그래서 필리아는 동역자(co-worker) 또는 동반자(companion)의 친밀감과 같은 것입니다.

데이트 단계에서는 필리아를 테스트해 보아야 합니다. 대화가 잘 통하는지, 같은 가치관을 가지고 있는지, 비슷한 목표를 가지고 있는지, 같이 있어서 편안한 관계인지를 살펴보아야 합니다. 서로 인격적으로 존중하고 있는지를 반드시 살펴보아야 합니다.

결혼 후에는 필리아와 에로스를 함께 개발해 나가야 합니다. 부부가 정신적으로도 함께 성장해 나가야 합니다. 부부는 필리아에서 에로스로, 에로스에서 필리아로 편안히 왕래할 수 있어야 합니다. 황혼 길을 손잡고 걸어가는 노부부의 모습이 아름다워 보이는 것은 인생의 고락을 함께한 진한 동료애가 느껴져서일 것입니다. 그들에게는 짜릿하고 흥분된 감정은 없을지도 모릅니다. 그러나 편안하고 깊이 있는 필리아의 사랑이 두 사람을 견고하게 이어 주고 있는 것입니다.

3. 의지적 요소 : 사랑에는 책임감이 있어야 한다

참사랑은 두터운 책임감을 포함합니다. 그래서 의지적 사랑은 서로를 책임지는 사랑입니다. 의지적 사랑은 주고받는(give&take) 관계가 아니라 자신을 내어주는 자기희생(give&give)이며 헌신(commitment)의 사랑입니다. 이러한 사랑을 아가페 사랑이라고 부르기도 합니다. 아가페는 언약(covenant) 또는 서약(vow)의 관계로 설명할 수 있습니다. 사랑하기로 결단하는 서약의 관계인 것입니다.

의지적 사랑은 사랑을 영원하게 만드는 가장 중요한 요소입니다. 결혼을 지탱해 주는 가장 중요한 요소입니다. 이것은 사랑하기로 작정하는 약속이며, 어떠한 상황에서도 깨뜨리지 않겠다는 헌신입니다. 결혼식장에서 서로에게 맹세하는 결혼 서약문 속에서 우리는 의지적 사랑의 모습을 발견할 수 있습니다. 의지적인 사랑은 우리 인간을 사랑하기로 작정하셔서 우리가 죄인일 때부터 먼저 사랑을 시작하신 하나님의 사랑과 가장 많이 닮아 있습니다. 사랑이 영원하려면 감정만을 의지해서는 안 됩니다. 아가페의 사랑이야말로 결혼을 영원하게 만들어 줍니다. 아가페의 사랑은 이타적 사랑, 조건 없는 사랑(unconditional love)으로서, 어떠한 일이 있어도 상대방의 조건과 상관없이 끝까지 사랑하겠다는 결단에 기인하는 사랑입니다. 나를 위한 사랑이 아니라 너를 위한 사랑인 것입니다. 물론 아가페는 신적인 사랑이지만 부부 간에도 아가페의 숭고함으로 끝까지 사랑하는 사람들을 볼 수 있습니다.

요즘 "더 이상 당신이 사랑스럽지 않아서 이혼한다", "당신이 나를 행복하게 해 주지 않기 때문에 헤어진다", "돈을 못 벌어서 떠나겠다"고 말하는 부부를 많이 봅니다. 처음부터 사랑의 속성을 모르고 결혼서약을 했기 때문에 이런 말들을 하는 것입니다.

결혼생활을 하다 보면 배우자가 도저히 사랑스럽지 않은 때가 있습니다. 사랑의 감정이 냉랭하게 식어 버릴 때도 있습니다. 배우자의 상처가 드러나 한없이 실망스러운 순간도 있고, 배우자가 사고를 당해 장애를 입을 수도 있고, 사업이 망해서 가난해질 수도 있습니다. 그러나 의지적인 사랑은 상대방이 나의 필요를 채우지 못하게 되는 순간 버리는 것이 아니라, 어떤 순간에도 사랑하기로 한 사랑의 책임을 다하는 마음의 태도입니다.

따라서 결혼을 하려면 서약을 이행하겠다는 책임감에서 시작해야 합니다. 배우자를 선택할 때도 멋있고 낭만적이고 감정적으로 끌리는 사람이 아니라, 평소에 약속을 잘 지키는 사람인가, 신의가 있는 사람인가, 책임감이 있는 사람인가를 살펴보아야 합니다. 부부가 살다 보면 뜨거운 감정의 사랑이 고갈될 때가 많습니다. 그러나 아가페의 사랑은 그러한 순간에도 상대방을 여전히 사랑하기로 의지적으로 다시 작정하고 결단하는 것입니다. 그런데 그러한 결단은 다시 에로스의 황홀한 선물을 가져다주기도 합니다. 의지적인 사랑은 감정적인 사랑과 우정적인 사랑을 더욱 증진시킬 수 있습니다.

하나님의 사랑은 아가페의 사랑입니다. 우리의 조건과는 상관없이 우리를 끝까지 사랑하셨습니다. 죄인인 우리를 포기하지 않으셨습니다. 십자가에서 자신의 아들까지 다 내어 주시며 우리를 사랑하셨습니다. 하나님의 사랑은 또한 필리아의 사랑입니다. 요한복음 15장에서 우리를 친구와 동역자로 부르셨습니다. 하나님의 사랑은 또한 에로스의 사랑입니다. 구약의 아가서를 보면 우리를 애타게 찾으시는 뜨거운 감정의 사랑이 나타납니다. 하나님이 우리와 연합하고자 하는 에로스의 사랑인 것입니다. 사랑에는 세 가지 요소가 모두 필요합니다. 가장 이상적인 사랑은 의지적 사랑을 밑변에 두고, 우정적 사랑과 감정적 사랑을 나머지 두 변으로 올린 정삼각형꼴입니다. 이 세 가지 중 아가페의 의지적 사랑이야말로 우리의 사랑과 결혼을 끝까지 견고하게 해 주는 영원한 사랑입니다.

여기서 잠깐

1. 세 가지 사랑 중에서 나는 평소에 어떤 사랑을 하고 있었다고 생각합니까?

   _____
   _____
   _____
   _____

2. 나에게 부족한 사랑의 요소는 무엇입니까?
   그것을 어떻게 개발하고 증진시킬 수 있을까요?

   _____
   _____
   _____
   _____

3. 결혼한 부부라면 에로스 사랑이 다시 불붙기 위해 어떤 노력을 기울이겠습니까?

   _____
   _____
   _____
   _____

03

사랑은
훈련이다

　사랑은 배우고 훈련해야 합니다. 마치 악기 연주법을 배우듯이 사랑도 배우고 연마할 수 있습니다. 사랑도 배워야 할 기술입니다. 남편의 역할, 아내의 역할을 배워야 합니다. 운전을 배우려면 연수를 해야 하고, 꽃꽂이를 하려 해도 레슨을 받아야 하는 것처럼 사랑도 연습이 필요합니다.
　사사기 17장 6절에 보면 "사람마다 자기 소견에 옳은 대로 행하였더라"는 말이 나옵니다. 우리는 부모에게서 받은 대로 부모 역할을 하는가 하면, 부모와 반대로 부모 역할을 하려고 합니다. 나도 모르게 나의 아버지처럼 남편 역할을 하고, 나의 어머니처럼 아내의 역할을 합니다. 혹은 그냥 세상의 다른 사람들과 똑같이 남편 역할과 아내 역할을 모방하기도 합니다. 이것 모두 각자 소견에 옳은 대로 하는 것입니다. 그렇기 때문에 가정에 혼선이 오고 문제가 생기는 것입니다. 놀랍게도 성경에는 남편 역할, 아내 역할, 부부 역할을 어떻게 해야 하는지 기록되어 있습니다. 또 어떻게 사랑해야 하는지도 기록해 놓았습니다.

궁극적으로 사랑은 너의 문제가 아니라 나의 문제입니다. 사랑받는 대상에 문제가 있는 것이 아니라 사랑하는 주체의 문제입니다. '네가 사랑스러워서 사랑한다', '네가 사랑스럽지 않아서 사랑하지 않는다'는 말은 틀린 말입니다. 내가 사랑을 가지고 있으면 어느 누구도 사랑할 수 있는 것이며, 나에게 사랑이 없으면 아무도 사랑할 수 없는 것입니다. 그래서 사랑은 나의 성품의 문제입니다. 예비 배우자나 배우자를 통해 사랑을 배우고, 하나님의 사랑을 실천해 나갈 수 있습니다. 다시 한 번 고린도전서 13장에서 사랑의 성품을 몇 가지만 찾아보겠습니다.

1. Love is patient(인내심)

사랑은 오래 참는 것입니다. 나의 사랑으로 상대방을 살릴 수 있을 것을 바라보며 견디는 것입니다. 오래 참고 사랑하면 결국 상대가 변화할

것이라고 믿으며 오래 참는 것입니다. 그래서 사랑은 너의 부족함을 오래 참을 수 있는 것입니다. 끝까지 견디며 기다릴 수 있는 사랑, 그것은 믿음이며 소망입니다.

2. Love is kind(친절함)

사랑이 많은 사람은 친절합니다. 신분의 귀천이나 외모로 판단하여 대하지 않습니다. 아이들이나 아랫사람에게도 친절합니다. 당연히 사랑하는 예비 배우자나 배우자에게도 친절합니다. 그래서 사랑은 성품입니다. 친절한 마음을 가진 사람은 사랑이 많은 사람입니다.

3. Love is not proud(겸손함)

사랑이 많은 사람은 교만하지 않습니다. 자기를 내세우지 않습니다. 자기를 자랑하며 떠벌리지 않습니다. 내가 당신보다 훌륭하다고 자랑하지도 않습니다. 실제로 더 훌륭할지라도 상대를 무시하지 않고 나보다 남을 낮게 여깁니다. 겸손함은 사랑의 성품이며 능력입니다.

4. Love is not rude(예의와 존중)

사랑이 많은 사람은 상대방에게 예의가 있습니다. 상대방을 함부로 대하지 않으며, 거칠게 굴지 않습니다. 상대방의 인격과 의견을 존중하는 태도가 사랑의 성품입니다. 아내를 존중하는 사람, 남편을 존중하는 사람, 연인에게도 예의를 잃지 않는 사람은 사랑이 많은 사람입니다.

5. Love is not self-seeking (이타심)

사랑은 나의 이익을 위해 상대방을 이용하거나 착취하지 않습니다. 사랑은 자신의 유익을 추구하지 않습니다. 사랑은 너의 유익을 위해 나를 포기하고 희생할 수 있는 성품입니다. 아내가 잘 되기 위해, 남편이 잘 되기 위해 나를 투자하는 것, 그것이 사랑입니다.

6. Love is not easily angered (쉽게 화내지 않음)

화를 참지 못하는 사람은 사랑이 부족한 사람입니다. 사랑이 많은 사람은 쉽게 분노를 표출하지 않으며, 자주 혈기를 부리지 않습니다. 힘과 능력을 소유하고 있어도, 그것들을 남용하거나 쉽게 행사하지 않습니다. 그러나 불의를 보았을 때는 혈기로써가 아니라, 가장 적합하고 적절하며 의롭게 표현할 수 있어야 합니다. 나를 위해서가 아니라, 상대방을 위해서 공의를 표현하는 것이 사랑입니다. 분노를 건강하게 조절하고 처리하는 법을 공부하십시오. 분노는 결혼생활을 어렵게 만들기 때문입니다. 사랑은 쉽게 화내지 않는 것입니다.

여기서 잠깐

1. 본문에서 언급한 여섯 가지 사랑의 성품 중 내가 이미 가지고 있는 성품은 무엇입니까? 그리고 부족한 성품은 무엇입니까?

　

2. 예비 배우자나 배우자의 성품 중에 이미 가지고 있는 사랑의 성품을 칭찬하고 자랑해 보십시오.

Question

저에게는 대학 1학년 때부터 8년 동안 교제한 형제가 있습니다. 열정적인 연애를 하지는 않았지만 정도 많이 들었고, 세월이 흘러 저희도 혼기 찬 나이가 되었습니다. 주위에서도 결혼하라고 압력을 넣고, 저 역시 딱히 마음에 둔 다른 사람이 있는 것도 아니고 해서 결혼을 하려고 합니다. 그런데 이렇게 식어 버린 감정으로 결혼을 하는 게 맞는지 고민이 됩니다. 사실 연인 같은 감정은 없고, 서로 잘 이해해 주니 편해서 좋을 뿐입니다. 평생을 같이 살 사람인데 결혼 후 후회하게 될까봐 겁도 나고, '이 사람이다'는 확신도 서지 않아 갈등이 됩니다.

Answer

두 사람은 친구처럼 오래 사귀기는 했지만 막상 결혼을 하려니 뜨거운 감정이 없어서 불안을 느끼고 있는 것 같습니다. 오래된 연인이 겪는 고민입니다. 하지만 오랜 사귐을 통해 우정과 신뢰를 쌓아 온 것은, 뜨거운 열정 못지않게 값진 것입니다. 사랑은 감정만이 아니기 때문입니다. 사랑은 이해하고 존중하고 상대방의 유익을 위해 무언가를 해 줄 수 있는 이타적 태도이기도 합니다.

아마 두 사람의 성격이 급하지 않고 좀 느긋한 편이 아닌지요? 그래서 지금까지 관계를 이어 오면서도 결단을 미룬 것은 아닌지요? 지금은 특히 형제님의 결단이 필요해 보입니다. 이제 멋있게 프러포즈를 하십시오. 낭만적인 이벤트를 기획하고 사랑에 불을 당겨 보십시오.

KBS 다큐멘터리 〈사랑〉에서는 사랑에 빠져드는 감정을 '900일간의 폭풍'이라고 표현했습니다. 900일이 지나면 식어 버린다는 것이지요. 이처럼 감정의 사랑은 결국 변하게 마련이지만 함께 쌓아 온 시간과 추억과 공유된 이해는 쉽게 무너지지 않습니다. 그러나 감정을 다시 살리고 싶다면 약간의 노력을 기울이시길 권합니다.

분위기 좋은 찻집을 찾아가고, 바닷가를 거닐어 보는 등 유쾌한 낭비를 즐기는 것도 한 방법입니다. 영화도 보고 음악회에도 가십시오. 사랑은 저절로 발전되지 않습니다. 이제 우유부단한 태도를 버리고 서로의 사랑을 진전시키십시오. 이미 두 사람이 가지고 있는 우정을 위해 낭만을 개발하십시오. 사랑을 표현하십시오. 앞으로 갈 길이 멉니다. 서로 아끼고 사랑하면서 결혼을 견고히 지켜 나가길 바랍니다.

네 번째 만남

자아상의 치유

── introduction ──

결혼은 어찌 보면 마음의 상처를 지닌 두 사람의 만남이라고도 할 수 있습니다. 내 안에는 숨어 있는 또 다른 내가 존재합니다. 다른 사람은 모르고 나만 아는 경우도 있고, 나는 모르는데 상대방은 알 수 있는 경우도 있습니다. 내 속에 있는 나는 숨바꼭질하며 숨어 있습니다. 그 속에는 수치스럽고 남에게 말하고 싶지 않은 상처가 존재합니다. 낭만적인 데이트 중이거나 갓 결혼한 경우, 상대방의 좋은 점과 매력만 크게 보입니다. 그러나 막상 결혼 후 시간이 흐르면 도무지 예측하지 못한 유치찬란한 일로 싸우는 것을 봅니다. 별것 아닌 일로 신경질 내고 화를 내는 상대가 몹시 실망스럽습니다.

그러나 사실은 실망이 아니라 숨겨진 상대의 이면을 이제야 알게 된 것입니다. 어려운 일이 생겼을 때, 손해를 볼 때, 크게 싸울 때, 아플 때, 스트레스를 많이 받을 때 숨겨진 또 다른 내가 드러나게 됩니다. 그래서 배우자를 선택하는 과정을 가리켜 '셜록 홈스 게임'이라고 말하기도 합니다. 데이트하는 과정에도 상대방을 유심히 관찰해야 한다는 뜻입니다. 좋은 환경에서는 누구나 단점을 드러내지 않습니다. 그러므로 몹시 화가 나는 상황에서 상대방이 어떻게 반응하는지 눈여겨보아야 합니다. 또 한

번쯤은 크게 싸워 보기 바랍니다. 이를 통해 상대방의 내면과 무의식에 깊이 숨겨진 상처를 알아낼 수 있습니다. 건강한 데이트는 '사실은 나에게 이런 상처가 있다'고 말하는 것입니다. 서로 숨겨진 내면의 상처를 언어로 고백하며 이해시키는 것은 성숙한 태도입니다. 서로를 제대로 이해해야 진정한 사랑을 할 수 있기 때문입니다.

마술로 황홀하게 변신한 신데렐라와 그 신데렐라를 찾기 위해 유리 구두 한 짝을 들고 전국을 헤맨 왕자님, 그들은 결혼 후 어떻게 살았을까요? 동화는 아름다운 결혼식을 올리는 것으로 끝났지만, 이들 부부의 현실 생활은 전혀 달랐을 것입니다. 계모의 학대를 받으며 자란 신부는 내면의 상처가 많은 여인입니다. 왕궁의 수많은 법칙과 부담 속에서 자란 신랑은 자신을 편안하게 드러내지 못하는 사람일지도 모릅니다. 그들은 서로를 이해할 겨를도 없이 사랑에 빠졌기에 결혼생활은 결코 쉽지 않았을 것입니다. 두 사람은 정작 중요한 숨겨진 내면을 드러내 이해하고 받아들이는 과정을 생략한 채 사랑에 빠졌고, 쉽게 결혼했기 때문입니다.

01

사랑은
이해하는 것

　사랑은 이해로부터 시작됩니다. "지피지기(知彼知己)면 백전백승"이라는 말이 있습니다. 너를 알고 나를 알아야 승리한다는 뜻으로서 상대방을 충분히 알고 나 자신도 알아야 함을 강조한 말입니다. 진정한 사랑은 앎에서 시작됩니다. 좋은 점도 알아야 하지만, 취약점도 알아야 합니다. 좋은 점만 사랑할 것이 아니라 부족한 면도 사랑해야 하기 때문입니다.

장점만 있는 사람도, 단점만 있는 사람도 없습니다.

그러므로 장점은 살리고 약점은 보완하기로 마음먹어야 합니다. 숨어 있는 가능성과 장점을 찾을 수 있어야 합니다. 동시에 취약점과 상처도 볼 수 있어야 합니다. 나는 상대방의 약점도 충분히 알고 있습니까? 또한 상대방의 숨어있는 상처도 이해하고 있습니까? 이제부터 예비 배우자나 배우자의 상처를 치유해줄 준비가 되어 있습니까?

1. 예비 배우자나 배우자의 성장 배경을 이해하라

서로를 진정 이해하려면 예비 배우자나 배우자의 어린 시절과 성장 배경을 아는 것이 중요합니다. 흔히 사람의 마음을 나무의 나이테로 비유하기도 합니다. 나무의 단면을 잘라 보면 지나온 세월을 알 수 있다는 것입니다. 나무의 성장 과정을 나타내 주는 나이테에는 유난히 가물었던 해와 비가 아주 많이 왔던 해, 때로는 벼락을 맞은 흔적도 남아 있다고 합니다. 우리의 마음도 마찬가지입니다. 사람의 마음과 인격을 들여다보면 유아기, 유소년기, 청소년기, 청년기에 겪은 경험들이 흔적으로 남아 있습니다. 때로 나 자신도 인식하지 못하는 무의식의 세계에서 잠재해 있다가, 기회만 생기면 문득문득 튀어나오는 과거의 기억과 상처들이 있습니다. 바로 마음의 나이테에 남아 있는 흔적입니다.

두 사람이 자라난 가정환경과 부모의 자녀양육 방식, 부모의 결혼생활 등은 부부의 결혼생활에 상당한 영향을 미칩니다. 평소에는 아무 상관없는 것들 같지만 부부 싸움과 같은 갈등이 생겼을 때 여지없이 모습을 드러내어 서로 놀라게 되고 실망하게 됩니다. 그러나 사랑은 이해에서부터 시작되므로 실망스럽더라도 이해해야 합니다. 그러므로 데이트 시기에 서로의 어린 시절을 이야기하는 것이 좋습니다. 아름답고 행복하고 좋았던 추억들뿐만 아니라, 어렵고 힘들고 괴로웠던 사건들도 나누십시오. 성장 배경을 알면 상대방이 왜 이런 성격과 습관을 갖게 되었는지 이해하며 사랑하는 데 도움이 됩니다.

2. 예비 배우자나 배우자의 상처를 이해하라

상처가 없는 사람은 없을 것입니다. 작은 상처들은 그냥 지니고 살아도 큰 문제가 되지 않습니다. 때로 나의 상처로 인해 다른 사람을 이해할 수 있습니다. 그러나 깊은 상처를 그대로 가지고 있으면 현재의 삶과 대인관계에 좋지 않은 영향을 주게 됩니다. 특히 허물없고 가까운 관계, 이를테면 가족관계나 부부관계에서 옛 상처가 가장 적나라하게 드러나기 쉽습니다.

옛 속담에 "자라 보고 놀란 가슴 솥뚜껑 보고 놀란다"는 말이 있습니다. 결혼해서 살다 보면 여러 가지 사건과 갈등과 충돌이 있게 마련인데, 상처를 가진 사람은 과거에 경험한 사건과 유사한 상황이 일어나면 자기도 모르게 크고 예민하게 반응하게 됩니다. 그래서 상처가 많은 사람은 유달리 예민하고, 자기방어가 심하고, 속마음을 열지 못하고, 화를 잘 내고, 비판적이고 부정적인 태도를 가지기 쉽습니다. 그러한 태도는 결혼생활에 커다란 장애가 됩니다. 따라서 결혼을 앞두고 자신과 상대방의 마음을 들여다보며 서로의 상처를 이해하고 치유하려는 노력이 필요합니다.

다음은 상처로 인해 나타나는 감정을 크게 7가지로 분류한 것입니다. 자기 내면과 배경을 들여다보고 상처를 인정하며, 극복해 나가는 시간을 갖기 원합니다.

여기서 잠깐

1. 나는 상대방이 어린 시절과 학창 시절을 어떻게 보냈는지 얼마나 알고 있습니까?

   _____
   _____
   _____
   _____
   _____

2. 데이트 중에 혹은 결혼생활 중에 나의 어린 시절을 상대방에게 이야기해 주고 있습니까? 아니면 나도 모르게 말하기를 숨기며 꺼립니까? 왜 꺼려지는지 그 이유를 솔직하게 써 보십시오.

   _____
   _____
   _____
   _____
   _____

• 거절감 : 사랑받지 못한 목마름

어린아이가 가장 좋아하고 중요하게 여기는 사람은 엄마 아빠입니다. 이 엄마 아빠로부터 자녀는 조건 없는 사랑을 충분히 받고 자라야 합니다. 나의 존재 자체가 부모로부터 사랑받고 용납 받으며 소중한 존재로 여김을 받는다는 확신을 가지고 자라야 합니다. 그런데 만일 어린 시절 부모의 사랑을 받으려 애썼지만 사랑이 돌아오지 않은 경우, 그 마음속에는 뻥 뚫린 구멍과도 같은 거절감이 남게 됩니다. 그렇게 거부당한 사람은 자신이 사랑받을 자격이 없기 때문에 사랑받지 못했다고 오해하게 됩니다. 또 사랑을 무조건이 아닌 조건부로, 무언가를 잘해야 받는 것으로 생각합니다. 그런 사람은 늘 사랑에 목마른 상태와 같습니다. 그래서 예비 배우자나 배우자가 조금이라도 자기를 사랑하지 않는 것 같다고 느끼면, 끊임없이 사랑을 요구하게 됩니다. 그리고 자신이 기대한 만큼 사랑이 오지 않았다고 느낄 때, 다시금 거부당한 느낌을 받게 됩니다. 그러면 다시 화를 내고, 우울해하고, 자신을 비하하며, 더 강한 사랑을 요구하여 결국 상대방을 지치게 만듭니다. 사실 그러한 거절감은 인간의 사랑으로는 치유하기 어렵습니다. 하나님의 변함없는 사랑, 즉 신적인 사랑을 깊이 경험해야 치유될 수 있습니다.

• 열등감 : 낮은 자존감

열등감은 타인에 비해 자신이 부족하고 못나고 열등하다고 느끼는 감정입니다. 그것이 외모에 대한 것이든, 능력에 대한 것이든, 혹은 가난에 대한 것이든 간에 열등감이 많은 사람은 자신의 가치를 평가절하합니다. 자신이 얼마든지 아름답고 능력 있고 괜찮은 사람이라는 것을 받아들이지 않습니다. 그러한 낮은 자존감은 많은 성장 가능성을 제한시킵니다. 특히 대인관계에서 스스로 위축돼 만남의 축복을 제한하게 됩니다. 또 스스로를 아름답다고 여기지 않기 때문에, 옆에 있는 사람으로 하여금 자신을 아름답고 소중하게 여길 수 없게 만들어 버립니다. 그래서 사람들한테 무시당하는 일을 스스로 자초합니다.

이런 사람은 타인의 말 한마디에도 마음을 닫아 버리고, 사랑의 기회를 차단해 버립니다. 열등감은 '너는 못났다', '너는 가치 있는 존재가 아니다'라는 거짓 메시지의 결과이지만, 결국 나를 지으신 창조주 하나님을 멸시하는 결과를 가져옵니다.

우리는 자신에 대해 올바르고 건전한 생각을 가져야 합니다. 자신을 아름답게 보아야 합니다. 그리고 자신의 모습 그대로를 사랑할 수 있어야 합니다. 그래야 다른 사람의 사랑을 받아들일 수도 있고, 다른 사람에게 사랑을 줄 수도 있습니다. 나 자신을 소중하게 사랑하십시오. '나는 아름답고 귀한 존재다'라고 계속 선포하십시오. 그리고 만일 예비 배우자나 배우자가 열등감을 가지고 있다면 '당신은 아름답고 귀한 존재입니다'라고 계속 확인시켜 주십시오. 서로의 존재 자체를 소중히 여기면서, 서로의 열등감을 치유할 수 있기를 바랍니다.

• 불신감 : 상대를 신뢰하지 못함

어떤 자매가 있었습니다. 어린 시절 아버지는 어머니와 딸을 버려두고 집을 나가 버렸습니다. 그 후 어쩌다 몇 번 아버지를 본 적이 있지만, 언제나 냉정하고 무관심한 모습이었습니다. 어머니와 딸은 버림받은 심정으로 살았습니다. 자매는 장성하여 결혼을 앞두고는 몹시 불안했습니다. '이 사람도 언젠가 나를 떠날지 몰라', '남자는 믿으면 안 돼', '믿었다가는 실망하게 될 거야'라는 무의식적인 마음의 소리가 계속 맴돌았습니다. 결국 불신과 의심은 상대와 자신을 괴롭히기 시작했고, 두 사람의 관계조차 어렵게 만들었습니다.

불신감이 깊은 사람은 새로운 만남을 통해 깊은 신뢰를 경험해야 합니다. 예비 배우자나 배우자에게서 불신감이라는 상처가 발견되었다면, 이제부터 약속을 신실하게 지켜 주어야 합니다. 행여나 의심을 일으키는 행동은 일부러라도 자제해야 합니다. 그리고 계속 신뢰가 느껴지는 표현을 해야 합니다.

"나는 당신만을 사랑해", "나는 결코 당신을 떠나지 않아", "나는 당신 아버지처럼 당신을 버리지 않아. 나를 믿어도 돼", "나는 영원히 당신을 사랑할 거야. 그러니 안심해도 돼"라고 표현하십시오. 그리고 변함없는 사랑을 보여 주어야 합니다. 그러면 당신의 변함없는 신실함 때문에 예비 배우자나 배우자의 뿌리 깊은 불신감이 치유될 것입니다.

- **죄책감 : 자신에게 책임을 돌림**

어느 청년은 어린 시절 아버지와 물놀이를 갔다가 자신이 물속에 빠뜨린 공을 건져 내려다 아버지가 익사를 당한 기억 때문에 괴로워하고 있었습니다. 너무나 슬퍼하는 어머니와 가족을 보면서, 청년은 평생을 죄책감에 시달려야 했습니다. 그는 어떻게 해서든 엄마를 행복하게 해 드리고 싶었지만, 그것도 실패한 것 같았습니다.

또 초등학교 시절 사촌오빠에게 성폭행을 당한 자매가 있었습니다. 아파트 옥상에서 몹쓸 짓을 당한 날, 엄마는 "네가 칠칠치 못하니까 그런 짓을 당한 거야" 하며 오히려 딸을 야단쳤습니다. 그 후 자매는 마치 자신이 잘못해서 그런 일을 당한 것처럼, 그래서 자신에게 책임이 있는 것처럼, 자신이 수치스럽고 불결한 사람인 것처럼 여기게 되었습니다, 그런데 하나님의 은혜로 믿음이 좋은 청년과 결혼하였습니다. 결혼 후 자매는 남편에게 그 사실을 숨겼으나, 수년 후 우연한 기회에 남편이 알게 되었습니다. 그때 남편은 이렇게 말했습니다. "그랬구나. 혼자 괴로워하고 있었구나. 그래서 나와의 관계를 힘들어 했구나. 왜 진작 말하지 그랬어. 그 일은 당신 잘못이 아닌데…. 그것은 사고를 당한 것뿐이야. 괜찮아. 당신은 나의 순결한 신부야"라고 거듭거듭 말해 주었습니다. 참으로 아름다운 치유의 이야기입니다.

- 완벽주의 : 인정받지 못한 목마름

　완벽주의는 우리의 삶에서 행복과 만족을 빼앗아 가는 못된 주범입니다. 완벽주의는 이상주의와도 같습니다. 이상이 너무 높아서 현재의 삶에 만족을 느끼지 못하는 것입니다. 그래서 끝없이 높은 기준을 설정하고 자신과 가족에게 성취를 요구합니다.

　완벽주의는 어린 시절 부모를 기쁘게 해 드리려고 나름대로 최선을 다했지만, 인정받지도 칭찬을 듣지도 못했을 때 형성됩니다. 어린 자녀가 애써 노력했는데도 부모가 "좀 더 잘해라", "더욱 최선을 다해라", "마음에 안 든다", "실망스럽다"는 표현을 계속 했다면 자녀는 '나는 결코 부모를 만족시킬 수 없어', '나는 아직도 부족해', '역시 자격미달이야'라는 생각에 사로잡히고 맙니다.

　완벽주의의 상처를 가진 사람은 결혼생활에서도 "당신은 내 기준에 미치지 못해", "우리는 좀 더 행복해야 해", "그렇지만 이것도 저것도 부족할 뿐이야"라며 만족할 줄 모릅니다. 당연히 감사의 마음이 없습니다. 또 평온하고 행복한 현실을 불행하고 불만족스러운 현실로 만들어 버립니다. 항상 자신과 예비 배우자나 배우자에게 부정적 반응을 하게 됩니다. 이 때문에 삶에 늘 긴장감이 감돕니다.

　모든 사람에게는 다소간에 완벽주의가 존재합니다. 그러나 만일 예비 배우자나 배우자가 지나친 실망과 불만족을 안고 사는 경우, 그(그녀)의 완벽주의를 치유해 주어야 합니다. 그들에겐 각별한 용납과 인정이 필요합니다. 특별히 많은 칭찬이 필요합니다. "정말 잘했어", "정말 행복해",

"만족스러워"라는 표현을 지속적으로 해 주어야 합니다. 그들에게는 기쁨과 만족이 명약입니다. 상대를 치유하는 마음으로 웃음과 만족을 제공해 주어야 합니다. 우리의 연약함에도 불구하고 은혜로 사랑하시는 하나님의 사랑과 용납으로 그들을 치유해 주어야 합니다.

- 두려움 : 실패에 대한 두려움

두려움에는 실패에 대한 두려움, 불행에 대한 두려움, 거부에 대한 두려움, 영적인 두려움 등이 있습니다. 실패에 대한 두려움은 어린 시절 실패와 실수에 대해 지적하고 야단치는 부모의 양육태도에서 비롯됩니다. 학창 시절이나 인생 경험에서 실패를 많이 경험했을 경우에도 두려움이 강화될 수 있습니다. 두려움은 건강한 모험과 시도를 막기 때문에, 성장과 발전에 저해가 됩니다. 두려움이 많은 사람은 실패할까봐 쉽게 결정을 내리지 못합니다.

불행에 대한 두려움은 앞으로 나쁜 일이 닥칠까봐 두려워하는 것입니다. 어렸을 때 갑작스런 불행을 많이 겪은 사람에게 보이는 현상입니다. 그것은 영적인 두려움과 연결되어 있습니다. 두려움은 사탄이 주는 것으로서, 사탄은 두려움을 통해 우리를 무력하게 만듭니다. 그러나 하나님은 두려움을 주시는 분이 아닙니다. 또한 불행이나 재앙을 주시는 분도 아닙니다. 하나님의 사랑에는 두려움도 형벌도 없습니다. 그러므로 믿음으로 두려움을 물리쳐야 합니다.

혹시 예비 배우자나 배우자에게서 두려움의 상처를 발견했다면, 두려움을 몰아내는 믿음과 용기를 불어넣어 주어야 합니다. 긍정적인 표현들, 믿음의 말들, 칭찬의 말들, 희망의 메시지로 두려움 대신 자신감을 넣어 주어야 합니다. 그러기 위해서는 나 자신이 먼저 영적인 확신과 담대함을 가져야 합니다. 우리 가정에 '두려움의 영'이 들어오지 않도록 항상 깨어 있어야 합니다. 지금부터 우리 안에 존재하는 두려움을 찾아내어, 서로 치유하는 영적 민감함이 필요합니다.

• 분노 : 화를 자제하지 못함

한번은 공항에서 신혼여행 가는 비행기를 놓친 신혼부부를 보았습니다. 신랑은 자제력을 잃고 직원에게 소리를 버럭버럭 지르며 불같이 화를 내고 있었고, 신부는 옆에서 어쩔 줄 몰라 발만 동동 구르고 있었습니다.

그들은 앞으로 어떤 결혼생활을 하게 될까요? 분노가 저들의 행복을 빼앗아 가고 말 것입니다. 신랑은 분노라는 상처를 가졌을 것입니다. 분노는 어린 시절 부당하고, 억울하고, 모욕적인 대우를 많이 받았을 때 생깁니다. 물론 분노 자체는 정당한 감정이지만 치유되지 않은 분노는 화산과도 같습니다. 작은 일에도 극도의 분노가 드러나는 것은, 과거의 상처가 건드려지고 있기 때문입니다.

화를 내고 있는 사람에게 화로써 반응해서는 안 됩니다. 즉각적인 반응을 자제하면서 잠시 기다려 주어야 합니다. 화가 충분히 가라앉은 후에, 기분이 전환된 후에 분노가 어디에서 시작되었는지 그 뿌리와 원인에 대해 이야기를 나누어야 합니다. 어릴 때 부모가 무시하고 윽박지르며 화를 북돋운 것은 아닌지, 혹은 친구들에게 부당하게 놀림과 따돌림, 괴롭힘과 구타를 당한 것은 아닌지 사연을 들어 보십시오.

  분노라는 상처가 치유되려면 해를 끼친 사람을 용서해야 합니다. 지금도 그 사람의 얼굴만 떠올리면 몸이 긴장되고 분노가 느껴진다면, 그 사람을 용서해야 합니다. 용서해야 할 사람이 있으면 용서하도록 도와주는 것, 그것이 분노가 치유되도록 돕는 것입니다.

02

서로를
치유하라

부모와의 관계를 통해 또는 성장 과정의 경험을 통해 상처 받아 왜곡된 자아상이 형성되었다 해도, 배우자와의 관계를 통해 치유될 수 있습니다. 왜냐하면 자아상의 치유를 위해서는 새로운 관계의 경험이 필요한데 그중에서도 배우자와의 새로운 관계는 상처를 충분히 치유할 수 있습니다.

좋은 만남은 서로의 상처가 치유되는 만남일 것입니다. 반대로 불행한 만남은 상처가 더 심해지고, 서로의 존재 가치가 더 낮아지는 경우일 것입니다. 만남이 길어지면서 상대방의 예민한 상처가 드러날 수 있는데, 그때 "실망했다"고 말하지 말고, 내가 치유해 주어야 할 부분으로 여길 수 있기를 바랍니다.

때로는 인내하며, 때로는 더욱 사랑하면서 서로의 상처를 치유해 주기 바랍니다. 그러한 모습이 드러나도 끝까지 기다리며 사랑하겠다고 결단하십시오. 진정한 사랑은 상대방을 치유하는 힘이 있습니다.

아직 상처가 극복되지 않았다면 당장 자기 상처를 드러내 언어로 표현하기 어려워할 것입니다. 그래서 서로의 깊은 마음을 알지 못할 수도 있습니다. 그러나 진정한 사랑의 관계를 원한다면 조금씩이라도 자기 상처를 드러내기 바랍니다. 그리고 상대의 이야기에 깊이 공감하며 경청하기 바랍니다. 그리고 다음과 같은 태도로 배우자의 상처를 치유해 주기 바랍니다.

1. 배우자를 존귀하게 여깁니까?

어느 가정의 둘째로 태어난 자매는 부모가 언니와 동생만 사랑하고 자신은 언제나 뒷전이라고 생각했습니다. 그래서 자신이 못난 존재라는 열등감을 가지고 있었습니다.

나이 들어 부모를 떠나 결혼하게 되었는데, 남편이 자신을 계속 아름답고 귀하다고 말해 주었습니다. 처음에는 장난인 줄 알았는데, 남편은 진심으로 그런 말을 했습니다. "당신 귀해", "내가 보니, 누구보다도 당신이 예쁘고 사랑스러워"라고 계속 말해 주었습니다. 사람들 앞에서도 "저의 사랑스런 아내입니다", "제 아름다운 아내입니다"라고 소개해 주었습니다.

결혼생활이 계속될수록 아내는 정말로 아름다워졌습니다. 열등감이 치유되었습니다. 남편은 하나님의 안경을 쓰고 창조주의 시선으로 아내를 바라보았던 것입니다. 하나님 앞에서 우리는 모두 존귀한 존재이기 때문입니다.

내 아내가, 내 남편이 창조주 하나님의 귀한 피조물이고, 하나님의 형상을 입은 존귀한 존재라는 것을 늘 기억하기 바랍니다. 아내는 남편에게, 남편은 아내에게 서로 존귀함을 세워 주고 격려해 줌으로써 상처와 아픔이 치유되어, 가정 안에 하나님의 나라를 이루어 갈 수 있기를 바랍니다.

2. 어려울 때도 배우자를 격려합니까?

결혼생활을 하다 보면 힘든 일, 어려운 일도 있게 마련입니다. 예를 들어 남편이 회사의 승진에서 탈락되었을 때 아내는 무엇보다도 남편의 마음을 위로하고 격려해야 합니다. "여보, 속상하지요? 어떻게 회사가 당신에게 그럴 수가 있지요? 당신이 열심히 수고하고 있는 것을 몰라주

네요. 그렇지만 괜찮아요. 언젠가는 당신의 실력을 알아줄 때가 반드시 있을 거예요. 나에게는 당신이 최고랍니다. 힘내세요. 나는 항상 당신 편이니까요. 사랑해요"라고 말해 줄 수 있어야 합니다. 혹시라도 아내가 아기를 유산했을 때에 남편은 아내의 마음을 한없이 위로하고 격려해 주어야 합니다. "여보, 마음이 많이 힘들지요? 그렇지만 여보, 괜찮아요. 나는 당신만 곁에 있으면 행복해요. 나에게는 당신의 건강이 가장 중요하답니다. 사랑해요"라고 말해 주어야 합니다.

만일 이처럼 서로를 소중히 여기며 격려해 줄 수 있다면 모든 상처는 치유될 것입니다. 결혼 후 서로 "나에게 당신은 무엇으로도 바꿀 수 없는 값진 존재"라는 표현을 전달한다면 모든 상처는 회복될 수 있을 것입니다. 실패했다고, 잘못했다고 서로를 탓하거나 상처 주지·말고 그리스도 안에서 격려하며 인생의 어려움을 극복해 나가십시오.

3. 실수를 용납합니까?

사람은 누구나 야단맞는 것에 대해 두려워합니다. 그리고 막상 야단을 맞으면 영혼이 위축되고 싸늘해지면서 분노가 생기고 관계에 금이 가기 시작합니다. 그러므로 결혼 후 부부는 실수를 해도 서로 용납하기를 연습해야 합니다. 야단치지 않기를 연습해야 합니다.

예를 들면 아내가 귀한 물건을 깼을 때, "안 다쳤어요? 괜찮아요?"라고 말해야 합니다. 남편이 새로 산 자동차를 찌그러뜨렸을 때 "안 다쳤어요? 당신만 안 다쳤으면 괜찮아요"라고 말해야 합니다. 사람은 누구나 실수를 합니다. 실수하지 않는 사람은 없습니다. 우리는 실수에 대해 자유로워야 합니다. 그래야 건강한 시도를 통해 마음껏 발전하게 됩니다. 성경은 이렇게 말합니다.

> "비판하지 말라 그리하면 너희가 비판을 받지 않을 것이요 정죄하지 말라 그리하면 너희가 정죄를 받지 않을 것이요 용서하라 그리하면 너희가 용서를 받을 것이요"(눅 6:37).

기독교는 벌 주는 종교가 아닙니다. 하나님은 우리가 잘못할 때를 기다렸다가 벌을 내리시는 분이 아닙니다. 하나님은 결코 벌 주기를 기뻐하시는 분이 아닙니다. 과거에는 혹시 야단맞을까봐 눈치 보며 살았을지 몰라도, 결혼 후에는 배우자에게 비판이나 정죄를 받아서는 안 됩니다. 서로의 실수를 용납하십시오. 우리의 가정은 어떠한 실수에도 야단치지 않는 가정이 되기로 작정하십시오. 훗날 당신의 용납을 통해 야단맞을 두려움에서 치유되었다는 고백이 있기를 바랍니다. 하나님의 사랑과 용납을 몸소 실천하는 가정이 될 수 있기를 바랍니다.

4. 있는 그대로 사랑합니까?

우리는 모두 사랑받기 위해 노력합니다. 어린 시절 부모의 사랑을 받

기 위해 애를 쓴 기억이 있을 것입니다. 그렇게 노력했는데도 사랑이 돌아오지 않아서 거절의 상처를 받기도 했을 것입니다. 때로는 "이러이러해야만 아빠 엄마가 너를 사랑할 거야", "네가 그 모양 그 꼴인데 어떻게 너를 사랑할 수 있겠어?", "네가 사랑받을 자격이 있다고 생각하니?"라는 조건부 사랑(conditional love)에 휘둘리기도 했을 것입니다. 그러나 이제는 배우자를 통해 내 모습 그대로 사랑받는다는 믿음이 생길 수 있으면 좋겠습니다.

"여보, 나는 지금 당신의 모습 그대로가 좋아", "내 앞에서는 더 훌륭한 모습이 되려고 노력하지 않아도 돼", "하나님이 당신을 있는 모습 그대로 사랑하듯이, 나도 당신의 연약한 모습 그대로 사랑해"라는 조건 없는 사랑을 실천해 보십시오. 그러면 서로의 삶 속에 놀라운 치유가 일어날 것입니다.

5. 마음껏 인정하고 칭찬해 줍니까?

칭찬은 최고의 명약입니다. 많은 부모들이 자녀에게 칭찬 대신 "더 잘해라"는 말을 많이 합니다. 자녀를 향한 높은 기대와 완벽주의에서 기인한 만족할 줄 모르는 부모들의 영향으로 많은 사람들이 칭찬과 인정에 목이 마릅니다.

새롭게 시작되는 나의 가정에서는 서로를 마음껏 칭찬하시기 바랍니다. 조건이나 단서 조항 없이 아낌없는 칭찬을 하기 바랍니다. "잘했어요. 정말 잘했어요", "당신 정말 훌륭해요", "정말 자랑스러워요"라는 격려의 표현을 지금부터 사용해 보십시오. 그러면 상대방은 더욱 자랑스러운 사람이 될 것입니다. 더욱 발전하고 성장하게 될 것입니다. 당신의 칭찬요법을 통해 과거에 가졌을지 모르는 열등감이 치유되고, 결핍된 자신감이 회복될 것입니다. 칭찬 받지 못하고 인정받지 못한 데서 비롯된 상처들이 치유될 것입니다. 나로 인해 남편의 열등감이 사라지고, 나로 인해 아내의 수치심이 없어지고, 나로 인해 분노가 사라지는 그런 결혼생활을 하십시오. 그것이 서로를 치유하는 사랑입니다.

6. 신뢰와 믿음을 주고 있습니까?

우리는 모두 막연한 두려움을 가지고 있습니다. 특히 과거에 불행한 삶을 살았다면, 불행한 일이 또 생길지 모른다는 막연한 불안감을 갖게 됩니다. 좋은 결혼은 신뢰와 안정감을 가져다줍니다. 배우자는 서로에게 신뢰와 안정감을 제공하도록 노력해야 합니다. "여보, 내가 있잖아. 아무것도 걱정하지 마"라고 계속 표현하십시오. 그러면 배우자의 막연한 불안감과 두려움이 사라질 것입니다.

당신의 든든한 팔로 인해 의심과 불신감도 치유될 수 있습니다. 훗날에 배우자로부터 "당신이 내 곁에 있어서 나의 염려와 두려움이 사라졌어요"라는 고백을 듣기 바랍니다. 그러기 위해서는 나 자신이 먼저 하나님의 든든한 팔을 의지하는 견고한 믿음을 가져야 합니다. 오직 하나님

한 분만이 나의 영원한 피난처요 피할 바위라는 믿음의 고백이 있어야 합니다. 그 같은 믿음으로 신뢰와 안정감을 제공해 배우자의 두려움을 치유할 수 있기를 바랍니다.

"나는 여호와를 향하여 말하기를 그는 나의 피난처요 나의 요새요 내가 의뢰하는 하나님이라 하리니"(시 91:2).

여기서 잠깐

1. 나는 상대로부터 어떤 표현을 들을 때 힘과 용기가 솟아납니까? 구체적으로 말해 보십시오.

2. 내 곁에 있는 예비 배우자나 배우자는 특히 어떠한 사랑을 받아야 자아상이 치유될 수 있을까요?

3. 예비 배우자나 배우자에게 힘과 위로와 회복을 주겠다는 결단을 하고, 믿음의 말을 지속적으로 선포하기 바랍니다. 긍정적인 말, 믿음의 말을 선포하십시오. 지금 한번 해 보십시오.

_____
_____
_____
_____
_____

4. '결혼 후, 나는 남편 또는 아내로 인해 이러한 회복이 있었습니다'라는 간증을 나누어 보십시오.

_____
_____
_____
_____
_____

Question

남편은 회사에서는 일도 잘하고 실력도 인정받는 인텔리입니다. 그런데 집에서는 왜 그렇게 불만이 많은지 걸핏 하면 저와 아이들을 야단치고 화를 냅니다. 큰아이가 초등학교 1학년인데 아빠가 집에 돌아오면 슬금슬금 피합니다. 저 역시 남편과 함께 있으면 야단맞을까봐 긴장되고 불편합니다. 어떻게 하면 남편의 태도를 고칠 수 있을까요?

Answer

가정은 즐겁고 편안한 곳이어야 하는데, 아빠의 꾸지람과 분노로 인해 가족이 두려움 가운데 산다는 것은 참으로 안타까운 일입니다. 그러나 가족이 아빠를 두려워하고 피하기만 하면 남편은 좋아질 수가 없습니다. 우선 남편의 자라온 성장 배경과 성격을 이해하십시오. 분명 남편은 화목한 가정에서 자라지 못했을 것입니다. 아마도 사랑과 격려도 받지 못했을 것입니다. 또 남편은 과도한 일과 책임에 몰두하는 이른바 일중독의 경향이 있을 것입니다. 남편과 같은 사람은 완벽주의 성향이 있어서 자신 및 가족의 사소한 잘못이나 실수에도 쉽게 짜증을 내고 화를 냅니다.

우선 아내 자신의 태도와 대처 방법을 돌아보시기 바랍니다. 모든 행동에는 상호적인 면이 있기 때문입니다. 화를 낼 때는 즉각 맞대응하면 안 됩니다. "왜 당신은 늘 화내고 야단치느냐?"고 대응하면 상황이 전혀 개선되지 않습니다. 또 남편의 태도에 압도되어 눈치 보고 주눅 들어서도 안 됩니다. 어렵겠지만 속으로 기도하면서 휘둘리지 말고 인내하십시오. 그리고 나중에 남편이 기분 좋을 때 대화를 시도하십시오.

우선 남편의 장점과 감사한 것들을 이야기한 후에 "당신이 화를 내고 짜증 내고 야단치면 아이의 성격에도 문제가 생기고, 가정이 얼어붙습니다"라고 차분하게 설명하십시오. 그리고 "그렇게 지적하고 야단치면 두려워서 더 실수를 저지르게 됩니다. 우리의 실수를 좀 편안하게 용납해 주면 더 잘할 수 있을 것 같습니다. 나는 우리 가정이 편안하고 행복한 가정이 되기를 원합니다"라고 사랑으로 말하십시오. 그리고 평소에 남편을 더욱 사랑하고, 더 많이 감사하다고 표현하고, 가정에 웃음이 넘치도록 노력하십시오. 언젠가 남편이 성령을 받으면 놀랍게 새사람이 될 수 있습니다. 그때까지 사랑과 기도로 인내하면 반드시 가정이 건강하게 치유될 것입니다.

다섯 번째 만남

친밀감

introduction

결혼은 앞으로 일생 동안 오직 당신만을 선택하고 사랑하겠다는 결단입니다. 당신보다 더 아름답고 매력적인 상대가 나타난다고 해도, 여전히 당신만을 사랑하겠다는 결단이 결혼입니다. 그래서 결혼을 헌신(commitment)이라고 부릅니다. 요즘 세상에서 '헌신'이라는 단어는 골동품처럼 취급되고 있지만, 헌신은 여전히 아름답고 숭고한 것입니다. 나는 가정을 위해 절대적으로 헌신할 준비가 되어 있는지 자신을 돌아보아야 합니다.

반면에 데이트 기간은 아직 헌신을 결정하지 않은 상태로서, 헌신을 고려하는 기간이라 할 수 있습니다. 따라서 데이트하는 동안은 스킨십에 일정한 선을 긋고 지켜야 합니다. 부부관계에서나 가질 수 있는 친밀함은 보류해야 합니다. 데이트 기간에는 서로를 점점 더 많이 알아 가고, 관계를 발전시키는 시기입니다. 또 사랑을 배우며 더 가까워지도록 노력하는 시기입니다. 결혼을 결심하기까지 친밀감의 거리를 점차 좁혀 나가는 시기입니다.

그러나 결혼 후에는 부부 간의 친밀감을 견고하게 쌓아야 합니다. 친밀감이란 가장 가깝고, 친하고, 잘 알고, 따스하고, 자발적이고, 인격적인 연합을 의미합니다. 친밀감은 하나님과의 연합에서 시작될 수 있으며, 아가페에서 시작하여 필리아, 에로스 모두를 포함한 전적인 사랑입니다. 부부가 평소에 친밀감을 견고하게 세워 나가면 어떤 유혹과 어려움이 닥쳐도 넘어지지 않습니다.

> "우리를 위하여 여우 곧 포도원을 허는 작은 여우를 잡으라…"
> (아 2:15)

이 말씀처럼 부부관계를 공격하는 유혹은 항상 존재합니다. 어느 부부에게도 100% 안전지대는 없습니다. 그러므로 부부는 항상 깨어 있어서 친밀함을 지켜 가야 합니다. 소 잃고 외양간 고치는 잘못을 범하지 말고 미리 결혼을 견고하게 지켜 나가는 예방적인 자세가 필요합니다. 그러기 위해 친밀감의 요소가 무엇인지를 이해하고, 부부 친밀감의 능력을 미리 훈련하고 배양할 수 있기를 바랍니다.

01

정서적 친밀감

1. 관계의 우선순위

　사람은 다른 피조물과 달리 인격적인 존재이기 때문에 관계를 맺으며 살도록 되어 있습니다. 사람은 누구나 친밀한 관계를 원하고, 그 관계 속에서 안정을 느낍니다. 헌신의 정도에 따라 가까움의 정도도 다릅니다. 친구 간에 가까움이 있고, 스승과 제자 간에 가까움이 있으며, 부모와 자녀 간에 가까움이 있습니다. 그중에서도 부부 간이 가장 가까운 사이입니다. 이처럼 모든 관계는 친밀감의 정도가 다를 수 있습니다. 데이트 상대 역시 헌신의 정도에 따라 친밀감의 수준이 다를 것입니다. 그래서 연인 관계에서는 친밀감의 정도를 조절해야 합니다. 그러다가 결혼 후에는 남편과 아내 간의 관계가 세상에서 가장 가까운 베스트 프렌드가 되어야 합니다. 결혼 후에는 부모보다, 형제자매보다, 친구보다 부부가 가장 친밀해야 합니다. "내 뼈 중의 뼈요 살 중의 살이라"(창 2:23)는 말씀처럼 부부는 골육지친보다 가까운 사이여야 합니다.

> "…사람이 그 부모를 떠나서 아내에게 합하여 그 둘이 한 몸이 될지니라…"(마 19:5).

'둘이 한 몸'이 된다는 것은 완전한 연합의 관계라는 말입니다. 둘 사이에 막힌 것이 없이 완전히 하나여야 합니다. 이것이 결혼의 목표입니다. 하나님은 부부의 연합을 통해 이 세상에 하나님의 나라가 확장되기를 원하십니다. 부부가 연합한 것처럼 하나님과 인간이 연합하길 원하십니다. 믿음의 부부는 이런 연합을 이루어 하나님 나라를 이룰 의무가 있습니다. 처음엔 그동안의 생활 습관 때문에 그렇게 하기가 쉽지 않겠지만 세상 어느 누구보다 배우자와 가장 친밀한 관계를 맺어야겠다고 결단하십시오. 그 결단에서부터 진정한 연합이 시작됩니다. 이제 결혼을 앞둔 사람으로서 관계의 우선순위를 정립하십시오. 반복해서 강조하지만 어느 누구보다 배우자와 더 친밀해야 합니다.

2. 용납

    사람은 누구나 자기를 조건 없이 용납(unconditional acceptance)해 주는 사람과 가까워지게 마련입니다. 자신이 진정으로 사랑받고 있으며 받아들여지고 있다고 느낄 때 상대에게 친밀감을 느끼기 때문입니다. 나의 부족한 모습을 그대로 인정하고 용납하는 사람에게 마음을 활짝 열 수밖에 없습니다. 반대로 나를 못마땅하게 여겨서 사사건건 지적하는 사람에게는 마음 문을 굳게 닫게 마련입니다. 친밀해지기는커녕 되도록 멀어지고 싶습니다. 우리는 흔히 상대방을 내가 원하는 방향으로 고치려는 경향이 있습니다. 그러나 사람은 요구당하면 자신의 결점을 절대 고치려고 하지 않습니다. 지적과 강요는 자신의 존재 자체가 거절당하는 느낌을 불러일으키기 때문입니다. 이 세상에 완벽한 행복은 없습니다. 완벽한 사랑도, 완벽한 사람도 없습니다. 우리가 꿈꾸는 이상적인 배우자는 현실 속에 존재하지 않습니다. 내가 불완전하듯이 배우자도 부족하고 흠이 있게 마련입니다. 그 부족함과 흠을 내가 채워 주고 용납하기로 결단해야 합니다. 예비 배우자나 배우자를 있는 모습 그대로 용납하십시오. 용납이 오히려 사람을 변화시킵니다. 용납은 치유의 효과가 있습니다. 예비 배우자나 배우자를 조건 없이 용납할 수 있을지 확인하고, 부부의 친밀감을 위해 지금부터 용납을 연습하기 바랍니다.

여기서 잠깐

1. 나는 부모를 떠나서 배우자와 가장 가까운 관계를 만들 준비가 되어 있습니까? 아니라면 걸림돌은 무엇인가요?

   _____
   _____
   _____
   _____
   _____

2. 당신은 교제하는 상대방이 변화되길 원합니까? 아니면 있는 그대로를 사랑하는 편입니까? 나와 상대방이 맞지 않는 부분이 있다면 해결 방법은 무엇입니까?

   _____
   _____
   _____
   _____
   _____

3. 자기의 연약함도 드러내기

사람은 누구나 자신을 보호하기 위해 방어벽을 구축합니다. 자신의 연약함과 상처를 감추기 위해 벽을 쌓는 것입니다. 그러나 자기방어는 관계 맺기를 어렵게 만듭니다. 자기방어의 벽이 높을수록 소외는 깊어지고 더 외로워집니다. 사랑하는 사람과 가까워지고 싶다면 그동안 쌓아 온 방어벽을 내려놓아야 합니다. 자신의 속마음과 감정뿐만 아니라 자신의 연약함조차 드러내기 시작할 때, 관계는 친밀해지기 시작합니다.

아무리 오래 알고 지냈어도 자기를 오픈하고 드러내지 않았다면 여전히 '가까이하기에는 너무나 먼 당신'일 것입니다. 가까워지기 위해서는 노력이 필요합니다. 솔직하고 정직하게 자기 내면을 노출해야 합니다. 자신의 속마음을 열어 보이십시오. 거절의 두려움을 내려놓으십시오. 사랑은 용기입니다.

> "사랑 안에 두려움이 없고 온전한 사랑이 두려움을 내쫓나니 두려움에는 형벌이 있음이라 두려워하는 자는 사랑 안에서 온전히 이루지 못하였느니라"(요일 4:18).

온전한 사랑은 두려움이 없습니다. 예비 배우자나 배우자가 두려움 없이 자신을 오픈할 수 있도록 사랑과 용납과 편안함의 분위기를 제공해 주십시오. 건강한 관계는 자신의 장점을 자랑하고 포장하는 것이 아니라, 자신의 어린 시절이나 아픈 경험들을 상대방과 나누는 것입니다. 그것은 서로를 이해시키고 이해하는 작업입니다. 연애 기간 동안 서로를 깊이 이해하기 위해서는 무엇보다 자기 이야기를 많이 하는 것이 좋습니다. 어릴 적 이야기, 실수한 이야기, 마음 아팠던 이야기들을 진솔하게 드러내야 합니다. 그런 과거의 이야기를 나누다 보면 어느새 누구보다 잘 이해하고 가까운 사이가 될 것입니다.

4. 의사소통 : 일부러라도 대화하라

서로를 알아 가기 위해서는 반드시 의사소통, 즉 대화가 필요합니다. 내가 말하지 않아도 상대방이 나를 이해해 주리라 기대하면 곧 실망하게 될 것입니다. 말하지 않으면 상대방이 내 마음을 알 길이 없다는 것, 이것이 커뮤니케이션의 절대 법칙입니다. 인간관계에서, 특히 연인관계와 부부관계에서 말수가 없다는 것은 결코 미덕이 될 수 없습니다. 나는 원래 말이 없는 사람이라고 단정 짓지 마십시오. 나의 생각과 마음과 바람을 반드시 말하고 표현하고 전달해야 합니다. 일부러 대화를 많이 하겠다고 노력해야 합니다.

옛말에 이심전심이라는 말이 있습니다. 이는 말을 하지 않아도 서로 마음과 마음이 통한다는 뜻입니다. 그러나 그것은 틀린 말입니다. 말하지 않으면 마음과 마음이 통할 수 없습니다. 진정한 이심전심은 오랜 대화로 인해 서로를 온전히 이해하게 된다는 뜻일 것입니다. 나의 마음을 충분히 전달하지 않으면서, 이심전심을 요구하면 실망만 쌓이게 됩니다.

처음에는 힘들어도 대화하는 습관을 가지려고 노력하십시오. 그러다 보면 마음에 변화가 일어납니다. 폭넓고 깊은 대화를 해야 관계가 가까워집니다. 모든 것들에 대해 대화하십시오. 데이트 때마다 오늘은 무슨 이야기를 나눌까를 준비하십시오. 서로 활발하게 정보를 주고받으십시오. 그리고 상대방의 이야기에 귀를 기울이고 적극 맞장구치며 반응하십시오. 그래야 가장 친밀한 사이가 될 수 있습니다.

여기서 잠깐

1. 상대방에게 숨기고 있는 부분이 있습니까? 말하기가 어렵다면 그 이유는 무엇입니까?

   _____
   _____
   _____

2. 나는 상대방의 이야기를 진심으로 듣고 경청합니까?
   아니라면 이제부터 어떤 노력을 기울이겠습니까?

   _____
   _____
   _____

3. 관계도 가꿔야 합니다. 나는 평소 예비 배우자나 배우자와 친밀감을 높이기 위해 어떤 노력을 하고 있습니까?

   _____
   _____
   _____

5. 같은 취미를 가지라

누군가를 만났을 때, 취미와 관심사가 비슷하면 아무래도 마음이 쉽사리 끌리게 마련입니다. 결혼 후에도 취미가 비슷하면 부부 친밀감에 큰 도움이 됩니다. 그런 의미에서 취미와 관심 영역이 유사한 사람끼리 만나는 것이 좋습니다. 그것을 '유사성의 원리'라고 부릅니다. 그러나 어느 누구라도 취미와 관심사가 완전히 동일할 수는 없습니다. 따라서 취미와 관심사가 다르다 할지라도, 상대방의 취미에 대해 관심을 기울여 주어야 합니다. 서로 다른 것은 불행이 아니라 더 큰 조화를 이룰 수 있는 복입니다. 오케스트라에서도 단원들이 한 악기만으로 연주를 하면 단조로워서 큰 감동을 일으키기 어렵습니다. 다르기에 서로 배려하고 맞춰 가면서 멋진 하모니를 이룰 수 있는 것입니다. 우리의 지휘자이신 하나님의 지휘에 맞추어서 서로 아름다운 화음을 이룬다면 훨씬 재미있고 유익한 삶이 될 것입니다. 혹 나의 관심 분야가 아니라 할지라도 "유치하게 뭘 그런 것에 관심을 갖느냐"는 식으로 무시하거나 빈정대는 태도는 금물입니다. 사람은 누구나 자신이 좋아하는 것은 중요하게 여깁니다. 열린 마음으로 상대방의 취미에 대해 동참하는 태도를 보여야 합니다. 그리고 서로 다른 것에 대해서는 용납과 존중의 노력을 보여야 할 것입니다. 그러다 보면 서로 긍정적인 영향을 받아서 차츰 변하게 되어, 어느새 취미와 관심사도 비슷해질 것입니다. 그래서 부부는 오래 살다 보면 좋아하는 것도 비슷해져서 더욱 친밀해지는 것입니다.

6. 유머와 웃음 : 함께 웃어라

친밀감이란 원래 사랑과 용납의 분위기에서 가지는 '즐거운 연합'과 같습니다. 그런 의미에서 적절한 유머와 웃음은 차이와 긴장을 허물어 주고, 친밀감을 증진시켜 주는 활력소가 됩니다. 그런데 웃음 역시 마음의 태도이며 선택입니다. 성령님은 우리에게 희락(joy)의 열매를 선물로 주셨습니다.

> "…내 기쁨이 너희 안에 있어 너희 기쁨을 충만하게 하려 함이라"
> (요 15:11)

인생의 모든 순간에는 항상 밝음과 어두움이 공존하는데, 웃음이란 밝은 면을 바라보기로 결단하는 사람에게 주어지는 선물입니다. 서로 다른 성격과 습관과 문화를 웃어넘기십시오. 유머감각을 가지면 차이와 갈등도 웃어넘길 수 있고, 고난과 어려움도 넘길 수 있고, 비바람 속에서도 인내할 수 있습니다. 건강하지 못한 가정은 무슨 일이든 심각하게 처리하는 경향이 있습니다. 중요하지 않은 일인데도 너무 심각하게 생각해서 집안 분위기를 어둡게 만듭니다. 마치 '웃음 엄금'이라는 금지령이 내려진 것 같습니다. 이제 웃음을 창조해 보십시오. 재미있는 이야기를 찾아서 식사할 때라든지 우울한 분위기로 압도될 때 풀어내 보십시오. 건전한 유머를 발견하십시오. 서로 웃고 즐거워하십시오. 재미있는 데이트 시간을 가지십시오. 너무 심각하지 마십시오. 얼굴을 펴고 함께 웃으십시오. 사람은 이상하게도 함께 웃을 때 가까워집니다.

Have fun together!

7. 성경적 가치관을 공유하라

　사람은 세계관과 가치관이 유사한 사람들끼리 친해지기 마련입니다. 가치관(values)이란 현재 나의 정신세계를 장악하고 있는 제반 가치의 총체이며, 중심적 생각이며, 내적 판단 기준으로 작동하는 것입니다. 가치관은 상당히 문화적이고 인습적인 것이어서 무의식중에 가족 또는 주위의 영향을 받아 무비판적으로 형성된 DNA와도 같습니다. 돈, 시간, 성과 순결, 여성관과 남성관, 선과 악 등의 모든 영역에 대해 어떻게 생각하고 반응하고 해석하느냐에 대한 판단 기준이 되는 것입니다.

　그래서 같은 신앙을 가진 사람과 결혼하라고 하는 이유도 바로 여기에 있습니다. 종교는 세계관 또는 가치관을 형성해 줍니다. 종교와 신앙이 서로 다르다면 인생의 목적과 삶의 우선순위, 시간과 여가를 어떻게 보내야 하는가의 문제까지 이견과 갈등이 있을 수밖에 없습니다. 만일 당신이 예수님을 구주로 믿지도 않는 사람과 데이트를 하는데도, 전혀 이견과 갈등이 없다면 그것은 참으로 이상한 일입니다.

　만일 현재 데이트 중인 사람과 여러 가치관에서 상당한 이견이 느껴진다면, 앞으로 결혼 후에는 더 큰 갈등과 어려움이 다가올 것입니다. 가치관의 차이는 사랑한다는 감정만으로는 해결되기 어려운 매우 심각한 것이기 때문입니다. 따라서 결혼 전에 서로의 가치관을 확인하는 과정이 필요합니다.

　결혼하기 전에 성경적 가치관을 공유하는 데이트를 기획해 보십시오. 결혼 후에도 마찬가지입니다. 좋은 책을 함께 읽거나, 좋은 강의를 수강하면서 가치관의 합의를 도출해 보십시오. '결혼예비학교' 또는 '부부학교'를 함께 수강해 보십시오. 좋은 데이트는 정신적, 영적으로 함께 성장하고 발전해 가는 것입니다. 가치관이 같으면 부부는 더욱 친밀해집니다. 세상 가치관이 아닌 성경적 가치관으로 무장된 가정을 만들면, 어떤 유혹과 바람이 불어도 끄떡없는 견고한 가정을 세워갈 수 있는 것입니다.

여기서 잠깐

1. 서로 취미가 무엇인지 나누어 봅시다. 만일 취미가 많이 다르다면 서로 맞추어 가기 위해 어떻게 노력하겠습니까?

   _____
   _____
   _____
   _____
   _____

2. 고단하고 힘들 때는 유머와 위트를 가지기 어렵습니다.
   그럴 때라도 어떻게 긴장된 분위기를 완화시킬지 생각해 보십시오.

   _____
   _____
   _____
   _____
   _____

8. 비전 친밀감을 가지라

결혼은 둘이 함께 인생이라는 프로젝트를 성취해나가는 것으로도 비유할 수 있습니다. 우리 모두에게는 인생의 목적이 있습니다. 각 사람에게는 사명이 있는 것입니다. 그저 자기 자신을 위해, 좋은 차, 좋은 집, 좋은 음식을 먹기 위해 살지 마십시오. 더욱 높은 뜻을 품으십시오. 고상한 목적을 이루기 위해 오늘의 삶을 투자해 보십시오.

그런데 만일 남편과 아내의 인생 계획이 매우 상이하다면 결혼의 여정은 순조롭지 못할 것이 뻔합니다.

"두 사람이 뜻이 같지 않은데 어찌 동행하겠으며"(암 3:3).

두 사람의 비전이 서로 다르다면 부부가 의합하기 어렵습니다. 반대로 두 사람이 동일한 비전을 가지고 나아갈 수 있다면, 부부는 유대감 속에서 동행하게 됩니다.

얼마 전 〈소명〉이라는 다큐 영화를 통해 브라질의 바나와 원주민을 섬기는 강명관·심순주 선교사 부부의 감동적인 삶을 보았습니다. 그들에게는 하나님이 부여하신 사역과 비전이라는 강한 사명감이 있기에, 그들 부부의 친밀감은 어느 누구도 끼어들 수 없는 것이었습니다. 그래서 힘들고 외로운 오지에서도 서로 기대고 의지하며, 선교의 사명을 넉넉히 감당하고 있었습니다.

나를 향한 하나님의 계획이 무엇인지 생각해 보십시오. 그리고 우리 가정을 향한 하나님의 뜻이 무엇일까를 놓고 함께 기도하십시오. 비전이 분명할수록 사소한 일로 갈등하는 시간이 적을 것입니다. 물론 지금은 비전이 분명하지 않거나 서로 다를 수 있습니다. 그러나 이제부터 우리 가정에게 주신 비전을 재발견하기 바랍니다. 결혼을 앞두고 있다면 반드시 예비 배우자와 함께 서로의 비전이 무엇인지를 함께 나눈 후, 기도하는 데이트를 하시기 진심으로 바랍니다.

여기서 잠깐

1. 내가 인생에서 가장 소중하다고 여기는 것은 무엇입니까? 내가 소중히 여기는 부분과 상대가 소중히 여기는 부분의 공통점과 차이점은 무엇입니까?

   _____
   _____
   _____
   _____
   _____

2. 서로 공통된 가치관은 무엇입니까? 그 가치관을 나누고 좋은 방향으로 키우기 위해 노력해야 할 점은 무엇입니까?

   _____
   _____
   _____
   _____
   _____

3. 지금 내가 품고 있는 비전은 무엇인지 상대방과 나누어 보십시오. 상대방의 비전을 위해 나의 비전을 수정하거나 변경할 준비가 되어 있습니까?

_____
_____
_____
_____
_____

02

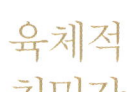

육체적
친밀감

1. 스킨십

적절한 스킨십은 엔도르핀이 솟아나고 사랑과 행복감을 안겨 줍니다. 따라서 스킨십 자체를 두려워할 필요는 없습니다. 사랑하면 만지고 싶은 것은 당연합니다. 그러나 데이트 기간 중에는 적당한 수준과 경계선이 꼭 필요합니다. 특히 만남의 초기에는 스킨십을 삼가야 합니다. 흔히 "데이트 중에 스킨십을 어디까지 해도 좋은가요?"라는 질문을 받게 됩니다. 저는 이렇게 답하고 싶습니다. 성적인 자극을 유도하는 스킨십은 벌써 지나친 것입니다. 그렇다면 전혀 성적이지 않은 스킨십이 가능할까요? 네, 가능합니다.

좋은 데이트란 성적인 욕구를 절제하면서도 낭만과 친밀감의 관계를 발전시켜 나가는 것입니다. 평소 자기만의 스킨십 원칙을 미리 세워 놓으십시오. 손을 잡거나, 만났을 때 반가움을 표현하는 가볍고 짧은 허깅, 어깨나 등에 손을 얹거나 두드리는 것, 지하철에서 살짝 기대어 앉는 정도면 어떨까요? 어쨌든 상대방의 의견을 존중하지 않는 침범과 강요는 절대 금물입니다. 강제적인 요구는 신뢰를 무너뜨립니다. 예의와 존중과 관심과 격려가 담긴 스킨십을 주고받으십시오. 보호와 책임이 동반된 스킨십을 주고받을 수 있다면 두 사람의 친밀감은 신뢰를 기반으로 더욱 두텁게 증진될 수 있을 것입니다.

2. 성(性)

원래 성은 창조주 하나님께서 인간의 행복을 위해 고안하신 멋진 선물입니다. 성을 디자인하신 하나님이 최초에 품으신 목적은 남편과 아내 사이의 하나 됨과 친밀감의 극치를 위함이었습니다. 성은 천국에서 신랑되신 예수 그리스도와 신부인 교회가 치르게 될 혼인예식에 대한 예비로서 이 땅에서 주님과의 연합을 맛보는 예표입니다.

결혼이라는 헌신 아래서 부부는 가장 만족스런 성을 누릴 수 있습니다. 그것은 남편과 아내 간의 비밀스러운 영역입니다. 결혼 후 부부의 성 친밀감에 대해서는 설레는 마음으로 기대해도 좋습니다. 부부의 성은 아름답고 즐겁고 복된 것입니다. 그런데 사탄은 고귀한 성을 가장 더럽고 추악한 것으로 타락시키고 있습니다. 그래서 인간의 성은 순결하게 지키고 보호해야 합니다.

> "모든 사람은 결혼을 귀히 여기고 침소를 더럽히지 않게 하라 음행하는 자들과 간음하는 자들을 하나님이 심판하시리라"(히 13:4).

이 말씀은 결혼 후에만 적용되는 말씀이 아닙니다. 영원히 나와 함께 할 배우자를 만나기 전부터 미리 거룩함으로 지켜 나가야 합니다. 혼인을 귀히 여긴다면 그때까지 기다릴 줄 알아야 합니다. 자신을 순결하게 지킨 사람에게 신혼의 첫날밤은 축제의 시간이 될 것입니다. 죄책감이나 수치심이 전혀 없이 "두 사람이 벌거벗었으나 부끄러워하지 아니하니라"(창 2:25)의 가장 친밀한 연합을 마음껏 누리게 될 것입니다.

결혼 전에 순결을 지킨 사람들에게는 결혼 후 신뢰와 만족이라는 값진 보상이 따릅니다. 사실 성적 욕구를 자제하지 못한다는 것은, 인격의 문제로 볼 수 있습니다. 즉 '지금 내가 원하는 것을 하겠다는데 무엇이 문제인가?'라는 자기욕망과 무절제와 이기심의 태도이기 때문입니다. 그런 사람은 결혼 후에도 충동과 무절제로 부부 간의 신뢰를 깨뜨릴 가능성이 높습니다. 즉각적 만족과 욕망을 자제할 줄 아는 사람이 되십시오. 진정한 자유는 절제를 통해 완성되는 것입니다. '나는 결혼 때까지 순결을 지키겠다'는 결단과 약속을 하십시오. 보다 큰 기쁨을 위해, 보다 깊은 친밀감을 위해 자신을 지켜 나가십시오.

많은 사람들은 결정적인 순간에 "사랑하는데 무슨 상관이야?", "나 믿지?"라는 말에 마음이 약해져서 넘지 말아야 할 경계선을 넘어 버려 후회하곤 합니다. 아무한테도 알리지 않고 단둘이 여행을 떠나는 것은 피해야 합니다. 특히 술을 마시면 더욱 절제력을 잃게 됩니다. 그때는 둘이 손을 맞잡고 "하나님, 유혹을 이기게 해 주옵소서" 하고 아무리 기도해도 소용이 없습니다. 혹시 누군가와 이미 넘지 말아야 할 경계선을 넘은 사람도 있을 것입니다. 그래서 '나는 이미 어쩔 수 없다'는 마음으로 쉽게 방종으로 치달을 수도 있습니다. 그러나 지금부터 죄를 단호하게 끊으십시오. 그리고 일단 하나님께 잘못된 과거를 아뢰고, 용서를 받고, 깨끗해져서 새롭게 시작하십시오. "만일 우리가 우리 죄를 자백하면 그는 미쁘시고 의로우사 우리 죄를 사하시며 우리를 모든 불의에서 깨끗하게 하실 것이요"(요일 1:9)라는 말씀을 믿음으로 취하십시오. 그리고 이제부터 자신을 순결하게 지켜 나가십시오. 결혼한 부부도 마찬가지입니다. 순결을 지켜야 합니다. 부부 간의 거룩한 성, 인격적인 성, 친밀한 성을 위해 오늘을 지켜 나가면 당신의 결혼은 더욱 견고히 서게 될 것입니다. 죄책감, 후회, 수치심이 없는 거룩한 친밀감 속에서 아름다운 성의 향연을 누리게 될 것입니다.

여기서 잠깐

1. 스킨십과 성에 대한 가치관과 철학이 어떠한지 서로 나누어 보십시오.

   _____
   _____
   _____
   _____

2. 부부의 성을 풍성하게 누리기 위해 서로 대화를 나누어 보십시오.

   _____
   _____
   _____
   _____

3. 결혼할 때까지 서로의 순결을 지켜 주기 위해 어떤 원칙과 노력이 필요하겠습니까?

   _____
   _____
   _____
   _____

03

성경적 친밀감

진정한 신앙생활이란 교회 활동으로 분주하기보다는 하나님 아버지가 과연 어떤 분인가를 알아 가는 것입니다. 하나님을 알아 가는 만큼 믿음이 자라납니다. '아, 하나님은 이런 분이시구나. 그러니까 믿고 의지해도 되는 거구나'를 깨달아 갈수록 믿음과 의뢰가 쉬워집니다. 영생 또한 착한 사람이 되는 것이 아니라, 하나님과 그의 아들 예수님을 아는 것입니다. "영생은 곧 유일하신 참 하나님과 그가 보내신 자 예수 그리스도를 아는 것이니이다"(요 17:3)라고 했습니다. 참으로 놀라운 말씀입니다. 하나님은 제사나 번제보다는 우리가 하나님을 알아 가기를 원하십니다.

> "나는 인애를 원하고 제사를 원하지 아니하며 번제보다 하나님을 아는 것을 원하노라"(호 6:6).

성경에서 '안다'는 것은 '깊은 교제를 통해 친밀하게 경험한다'는 뜻입니다. 오랜 동안 함께 거하여 알게 되는 체험적 지식을 뜻합니다. 예수님께서 "내 안에 거하라 나도 너희 안에 거하리라 … 아버지께서 나를 사랑하신 것같이 나도 너희를 사랑하였으니 나의 사랑 안에 거하라"(요 15:4,9)고 말씀하신 연합에의 초대를 의미합니다. 친밀감의 결과는 하나 됨, 즉 연합인 것입니다. 또한 성경적인 부부의 친밀감은 삼각형 모양으로 설명할 수 있습니다. 삼각형의 꼭짓점에는 하나님이 계십니다.

남편과 아내가 서로 가까워지려면 위에 계신 하나님께로 각자 나아가야 합니다. 남편도, 아내도 오직 주님과 친밀한 연합의 관계를 발전시켜야 합니다. 주님과 개인적으로 가까워질수록 남편과 아내 간도 자연스레 가까워지게 됩니다. 남편과 아내만 있는 2자 관계로 서로 친밀감을 요구하다 보면 곧 에너지가 고갈되어 불만을 갖게 되고 집착하게 됩니다. 그래서 결혼은 예수님께 대한 헌신으로 시작되어야 합니다. 남편과 아내가 각각 예수님께 헌신할 수 있다면, 부부 사이는 결과적으로 서로에게 더 깊이 헌신할 수 있게 됩니다. 그래서 성경적인 부부 친밀감은 육체적인 것뿐 아니라, 정신적인 연합, 영적인 연합을 모두 포함하여 전 인격적으로 완전히 하나가 되는 친밀감입니다.

> "그러므로 사람이 부모를 떠나 그의 아내와 합하여 그 둘이 한 육체가 될지니 이 비밀이 크도다 나는 그리스도와 교회에 대하여 말하노라"(엡 5:31-32).

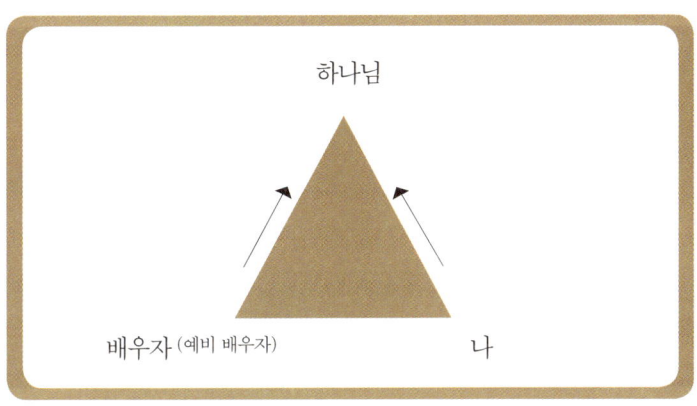

여기서 잠깐

1. 나와 예비 배우자나 배우자 사이에 하나님이 주님으로 임재하여 계십니까?

2. 당신은 성경적인 부부의 친밀감을 위해 어떤 노력을 더 기울이겠습니까?

Question

결혼한 지 2년 된 부부입니다. 오랜 교제 끝에 서로 충분히 사랑한다고 확신하고 결혼했습니다. 그런데 어느 날 우연히 남편의 이메일을 보았다가 놀랍게도 어떤 여자의 사랑 편지를 발견했습니다. 남편에게 따져 물으니 몹시 당황하며 같은 직장에 다니는 여성인데 너무나 적극적으로 호의를 표현해서 이메일을 주고받았으며, 단둘이 만나 식사도 했다고 했습니다. 큰 충격과 배신감으로 잠을 이룰 수가 없습니다.

어찌 해야 할지 도와주십시오.

Answer

결혼생활에는 몇 차례 위기가 찾아오게 마련입니다. 행복한 결혼이란 위기가 없는 것이 아니라 위기가 찾아왔을 때 어떻게 대처하느냐에 달려 있습니다. 작은 위기를 지혜롭게 다루면 큰 위기를 예방할 수 있습니다. 사랑을 당연한 것으로 여겨서는 안 됩니다. 결혼을 파괴하려는 사탄의 공격은 나에게도, 당신에게도 찾아올 수 있습니다. 먼저 지난 2년간의 결혼생활을 돌아보기 바랍니다. 삶의 우선순위를 돌아보고, 부부만의 낭만적인 시간을 상실하지는 않았는지, 남편의 존재를 소홀히 하지는 않았는지 생각해 보십시오. 부부 간의 정서적, 육체적 친밀감이 돈독했는지도 점검해 보기 바랍니다. 그리고 남편과 대화를 시작하십시오. 범인 다루듯이 하지 말고, 함께 해결책을 찾는 대화를 시작하십시오.

우선 남편에게 지금이라도 사실대로 말해 주어서 고맙다고 표현하십시오. 아내 자신의 마음도 솔직하게 표현하십시오. 놀랍고, 실망스럽고, 당황스럽고, 화도 난다고 표현하십시오. 지금 당장 감정 조절이 잘 안 된다면 시간의 여유를 가진 후 대화를 시도하십시오. 상담자의 도움을 받는 것도 좋은 방법입니다. 그러나 친정 부모나 제3자를 끌어들이지는 마십시오. 두 사람 모두 열린 마음으로 이 문제를 풀어 가야 합니다. 대화를 나눈 결과, 남편이 진심으로 용서를 구했다면 성공입니다. 서로에게 더 충실하기로 했다면 성공입니다. 세상은 우리를 미혹하는 것들로 넘쳐 납니다. 그러나 새가 머리 위로 날아갈 수는 있지만, 내 머리 위에 둥지를 틀게 해서는 안 됩니다. 유혹이 둥지를 틀게 해서는 안 된다는 말입니다. 이번 위기로 말미암아 부부의 친밀감이 더욱 깊어지는 계기가 되기를 바랍니다.

여섯 번째 만남

대화와 갈등해소

― introduction ―

어떤 만남에도, 어떤 결혼에도 갈등은 존재합니다. 결혼이란 서로 다른 두 개인의 연합이며 완전히 다른 두 문화의 충돌이기 때문에 차이와 갈등은 당연한 것이기도 합니다.

데이트 중에는 서로의 차이가 매력으로 느껴지기도 합니다. 나에게 없는 면을 상대방이 가지고 있는 것을 보면서 신기해하기도 합니다. 신혼 초에는 아직 낭만적인 시기라서 서로 웬만한 차이와 갈등은 다 인내할 수 있을 듯싶습니다. 그러나 시간이 흐를수록 "우리는 달라도 너무 달라요"라고 호소하며 갈등의 전쟁이 본격적으로 시작됩니다. 성격의 차이, 남녀의 차이, 생활습관의 차이, 가족 문화의 차이, 돈 사용에 대한 차이, 말하는 방식의 차이, 성에 대한 욕구 차이 등으로 부부 간의 갈등은 생각보다 어렵고 힘든 것이 현실입니다.

그러나 갈등 자체가 문제가 될 수는 없습니다. 사실 서로의 차이는 나만의 아성을 깨뜨리고 변화될 수 있는 긍정적 요소가 될 수도 있습니다. 문제는 그러한 갈등을 어떻게 바라보며 다룰 것인가입니다. 갈등을 회피하며 묻어 둘 것인가, 아니면 적극적으로 대처하면서 해소해 갈 것인가, 그것이 관건입니다.

갈등을 건강하게 처리하는 방법을 익혀야 합니다. 갈등 해소를 위한 대화의 기술을 습득해야 하는 것입니다. 대화의 기술은 결혼생활뿐 아니라 사회생활이나 친구관계에서도 꼭 필요합니다. 건강한 대화를 훈련해야 합니다. 지금까지 나의 대화 방식을 돌아보고, 열린 마음으로 건강한 대화법을 배우려는 겸손한 자세를 가져야 합니다.

01

대화의
기본 법칙

성경에는 우리 생활에 필요한 모든 지침이 기록되어 있습니다. 사랑하는 방법도 나와 있고, 부모의 역할, 남편의 역할, 아내의 역할, 자녀의 역할까지 모두 제시되어 있습니다. 말씀은 우리의 인생길을 비추는 등불입니다. 하나님은 말씀하시는 분, 즉 대화하시는 분입니다. 그리고 우리에게 대화의 능력과 속성을 주셨습니다. 그렇기 때문에 진정한 대화를 나

눌 수 있는 잠재력이 우리 모두에게 있습니다. 대화를 포기하는 것은 관계를 포기하는 것입니다. 배우자와 지금보다 더 깊은 관계가 되기 원한다면 깊은 대화를 해야 합니다. 자기를 노출하는 대화, 감정을 나누는 대화, 마음을 만져 주는 대화를 하는 것입니다. 대화의 기본 원칙은 다음과 같습니다.

1. 꼭 말하라

흔히 "꼭 말해야 하나? 말 안 하면 모르나?" 하고 말하는데, 절대 말하지 않으면 알 수 없습니다. 그러므로 대화의 기본 법칙 중 가장 큰 명제는 '꼭 말해야 한다'입니다. 말하지 않으면 상대방은 알 길이 없습니다. '이심전심'이란 두 사람 간의 깊은 교제와 나눔 속에서 마침내 둘이 같은 마음을 갖게 되는 것입니다.

내가 말하고, 표현하고, 노력하며, 전달하지 않으면 상대방은 내 마음을 알 길이 없음을 명심해야 합니다. 사랑도 표현해야 합니다. 당연히 사랑하겠거니 짐작해선 안 됩니다. 내 생각과 의견과 바람과 감정을 반드시 말하고 알려야 합니다. 나의 마음을 상대방에게 알려 주어야만 비로소 상대방은 나를 이해할 수 있습니다. 사랑한다면 나만의 비밀 공간을 열고, 꼭 표현하고 말해야 한다는 것을 기억하십시오.

또한 자신이 원하는 걸 정확하게 말하십시오. 예를 들면 생일을 축하받고 싶으면 "나의 생일을 축하해 달라"고 말하십시오. 은근히 바라다가 실망하지 마십시오. 또 A를 원하면서도 B라고 이야기하고는 상대방이 B를 해 주면 토라지고 화를 내는데, 왜 이런 이중적인 태도를 보입니까? 내 속이 복잡하니까 복잡한 말을 하는 것입니다.

> "너희는 그저 '예' 할 것은 '예' 하고 '아니오' 할 것은 '아니오'라고만 하여라. 그 이상의 말은 악에서 나오는 것이다"(마 5:37, 공동번역).

예수님은 "예" 할 것은 "예" 하고, "아니오" 할 것은 "아니오" 하라고 말씀하셨습니다. 그 이상의 복잡하고 이중적인 말은 악한 것에서 나왔다고 하셨습니다. 부부 간에도 마음속 진실을 말해야 합니다. 우리 마음속에 있는 거짓과 위장이 사라질 수 있기를 소원합니다.

흔히 상대방이 마음을 몰라준다는 생각이 들면, 자기 껍질 속으로 기어 들어가 "그만둬", "됐어" 하며 마음 문을 닫는 사람이 있습니다. 그것은 매우 비겁하고 비효율적인 태도입니다. 그러한 침묵과 오해가 쌓이면 극단으로까지 가는 경우가 많습니다. 오해는 풀기 위해 존재합니다. 사랑한다면 갈등을 적극 풀어야 합니다. 쌓아 두지 말고 그날그날 풀어야 합니다.

> "분을 내어도 죄를 짓지 말며 해가 지도록 분을 품지 말고 마귀에게 틈을 주지 말라"(엡 4:26-27).

갈등 해결을 내일로 미루거나 쌓아 두면 절대 안 됩니다. 쌓아 두기 시작하면 어느새 서로에 대한 원망과 섭섭함의 벽이 생기고, 그럴수록 둘 사이는 냉랭해집니다. 문제가 더 심각해지기 전에 대화를 통해 풀어야 합니다. 꼭 말해야 합니다.

2. 시시콜콜한 것도 이야기하라

사랑하는 사람끼리는 "침묵은 금이다"는 말이 통용돼서는 안 됩니다. 침묵은 많은 오해를 불러일으킵니다. 일부러라도 대화의 시간을 만들어야 합니다. '오늘은 이런 이야기를 나누어 봐야지' 하며 미리 주제를 준비해도 좋습니다. 베스트 프렌드처럼 두루두루 여러 주제를 가지고 많은 대화를 나누어야 합니다. 친밀감을 높이기 위해 평소에도 말을 많이 하십시오. 그래야 사탄이 틈타지 않습니다.

혹시 '나는 원래 과묵하고 말이 적은 편이야'라고 스스로 단정하는 사람이라도, 연인이나 부부 간에는 과묵해서는 안 됩니다. 말수가 없는 것은 결코 좋은 것이 아닙니다.

요즘 신문이나 방송을 보면 스스로 생을 포기하는 사람들이 많습니다. 그분들이 누군가에게 자기 마음을 털어놓아 공감 받을 수 있었다면 그런 극단의 선택은 하지 않았을 거라는 생각이 듭니다. 마음속 깊은 곳에 있는 실패감, 두려움, 수치심을 털어놓았더라면 위로 받고 희망을 보았을 텐데, 라는 안타까운 마음이 듭니다.

그리고 부부끼리는 재미있는 대화를 많이 해야 합니다. 시시콜콜한 이야기도 하십시오. 부부는 대화를 많이 할수록 좋습니다. 특히 오해나 갈등이 있을 때는 더욱 말하기에 힘쓰고, 그럴수록 더욱 대화하려고 노력하십시오. 말로 대화하기 어려우면, 편지 혹은 문자나 이메일을 이용해서 반드시 대화를 시도해야 합니다.

3. 예수님의 대화법

예수님은 말씀으로 세상에 오셨습니다. 우리와 막힌 담을 헐기 위해 인간의 수준으로 오신 것입니다. 이 땅에서 예수님은 온몸으로 우리의 고통을 들으셨습니다. 그래서 우리의 고통을 누구보다 잘 알고 계십니다. 또 예수님은 사람들과 한 자리에 앉아 그들의 말을 듣기도 하고 그들에게 묻기도 하셨습니다(눅 2:46).

또 예수님은 보잘것없는 사마리아 여인과 목마름에 대해, 예배에 대해 신학적인 이야기를 나누셨습니다. 다섯 남편에게 버림받은 한 여인의 생각과 감정과 인격을 무시하지 않으셨습니다.

우리나라의 유교보다 더 경직된 유대주의 남성 문화에서 사신 예수님이 사람들이 다 보는 공공장소에서 그 여인과 진지한 이야기를 나누셨습니다. 그 여인의 입장이 어떤지, 어떤 고통을 가지고 있는지, 예수님은 온몸으로 들으셨고, 그녀의 아픔에 동참하셨습니다. 예수님은 실로 우리의 연약함을 체휼(sympathy)하시는 제사장으로 우리 곁에 오셨습니다.

예수님의 대화법을 묵상해 보십시오. 우리도 예수님처럼 고통 받는 사람들과 어떻게 대화해야 할지 생각해 보기 바랍니다.

여기서 잠깐

1. 당신은 삶에서 차이와 갈등이 발생했을 때, 어떻게 대처해 왔습니까? 정면으로 맞닥뜨리는 편입니까, 자기의 동굴 속으로 숨는 편입니까? 그런 습관이 형성된 원인은 무엇인지 추적해 보십시오.

2. 나는 어떤 경우에 대화하기 싫어지고 말이 없어집니까?

3. 예비 배우자나 배우자의 어떤 말 때문에 상처 받은 적이 있습니까? 무엇인지 나누고 용서와 치유의 기도를 함께 드리십시오.

_____
_____
_____
_____
_____
_____
_____
_____
_____
_____
_____
_____
_____
_____

02

관계를 해치는
대화 유형

　흔히 "나도 남편과 이야기하고 싶지만 도무지 대화가 되지 않습니다" 라고 호소하는 분들이 있습니다. 그 말에는 '나는 대화를 하고 싶지만, 저 사람에게 문제가 있어서 대화가 어렵다'는 은근한 원망의 뜻이 담겨 있습니다. "도무지 내 말은 들으려 하지 않는다", "저 사람과 말하려 하면 자꾸 화가 난다", "벽에다 대고 말하는 것 같다" 등을 호소합니다. 분명 '저 사람'에게 문제가 있는 것이 사실입니다. 그러나 관계는 항상 상호 교류적입니다. 대화 역시 일방적인 것이 아니라, 서로 영향을 주고받습니다. 따라서 저 사람이 말을 하지 않거나, 화를 내는 데는 나에게도 원인이 있습니다.

> "못된 열매 맺는 좋은 나무가 없고 또 좋은 열매 맺는 못된 나무가 없느니라 선한 사람은 마음에 쌓은 선에서 선을 내고 악한 자는 그 쌓은 악에서 악을 내나니 이는 마음에 가득한 것을 입으로 말함이 니라"(눅 6:43, 45).

말이란 그 사람의 마음과 영혼이 겉으로 드러난 것입니다. 마음속에 원망이 있으면 원망이 나옵니다. 마음속에 사랑이 가득하면 나도 모르게 사랑의 말이 나옵니다. 즉 나의 마음 상태가 언어로 표출되는 것입니다. 우리는 선한 말을 사용해야 합니다. 말이 일생을 좌우하기 때문이며, 말이 관계를 지배하기 때문입니다. 당신은 어떤 말을 사용하고 있습니까? 특히 예비 배우자나 배우자와 어떻게 대화하고 있습니까? 이제부터 관계를 해치는 대화 유형* 네 가지를 살펴보겠습니다. 자신의 대화 스타일을 점검하기 바랍니다.

---

* 가족 의사소통을 연구한 가족 치료 상담가 버지니아 사티어(Virginia Satir)의 저서 《사람 만들기》(People making)에서 비난형, 회유형, 계산형, 혼란형을 참조하였다.

1. 지적하는 비난형

　사람은 탓하고 원망하고 비난하는 것에 아주 익숙합니다. 너무나 오랫동안 비난해 왔기 때문에 자신이 비난하고 있는 줄도 모릅니다. 문제가 터지는 순간 재빨리 상대방에게 비난의 화살을 던지는 것이 우리의 모습입니다. 비난형의 사람은 모든 문제의 원인을 상대방 탓으로 돌립니다. 자신이 책임져야 할 부분은 생각해 보지도 않고 모두 상대방 탓만 합니다. 마음속에 비난의 영이 있습니다. 때로는 설교와 훈계를 사용하여 상대방을 은근히 비난합니다. 성경 말씀을 인용하면서 상대방을 지적하고 비난하기도 합니다. 사실 요청 받지 않은 충고 역시 비난입니다.

　그런데 사람은 비난 받으면 화가 나고 마음의 문을 닫아 버립니다. 그래서 비난은 냉담함을 가져오고, 대화를 포기하게 만들며, 또 다른 비난을 양산합니다.

　정리 정돈이 깔끔한 남편과 정리를 잘 못하는 아내가 만났다고 합시다. 남편은 집안이 어수선하게 흐트러진 모습을 참지 못해 아내에게 잔소리를 합니다. 그런 일이 반복되자 아내는 남편이 돌아올 시간만 되면 또 야단맞을까 두려워 안절부절못합니다. 이렇게 되면 아내는 남편만 보면 마음이 얼어붙어서 남편의 귀가를 환영하기 어렵습니다.

　사람은 비난을 받아서 변화되지 않습니다. 아무리 옳은 말이라도 지적과 훈계를 통해 변화되는 사람은 없습니다. 오히려 비난은 변화될 계기까지 차단하고 친밀한 관계를 회피하게 만듭니다. 혹시 자기 안에 '비난의 영'이 숨어 있지는 않은지 살펴보십시오. 서로 야단치거나 비난하지 않기로 작정해야 합니다. 비난은 교만입니다. 자기 눈 속에 있는 들보는 빼지 않으면서 상대방 눈에 있는 티를 빼라고 요구하는 셈입니다. 비난을 멈추십시오. 부부 사이에 지적이나 비난은 절대 금물입니다.

2. 끙끙 참는 회유형

　회유형은 갈등을 적극 해소하지 않고 회피하는 유형입니다. 불만을 마음속에 묻어 두거나, 자신의 마음, 의견, 바람, 감정을 분명하게 표현하지 못하는 사람입니다. 비난형이 모든 것을 지시하는 타입이라면 회유형은 상대방의 비위를 맞추고 무조건 동의하면서 자기 의견을 숨기는 사람입니다. 어떤 사람은 자기보다 약한 사람 앞에서는 비난형이 되었다가, 강한 사람 앞에서는 회유형이 되기도 합니다.

　회유형은 흔히 스스로 착하다고 생각하는 사람이 취하는 태도입니다. 그러나 사실은 착한 것이 아니라, 건강하지 않은 태도입니다. 갈등이 생겨도 '나 하나만 참으면 된다'고 생각하며 물러나고 맙니다. 항상 다 양보하며 져 주는 것 같습니다. 무엇이든 당신 좋을 대로 하라고, 나는 아무래도 좋다고, 나 같은 사람이 뭘 알겠느냐고 말하며 자신을 포기하는 희생자 같은 태도를 취합니다.

　결혼한 지 10년이 넘도록 한 번도 싸운 적 없다는 부부를 만난 적이 있습니다. 이 경우, 부부 중 한 명이 회유형일 것입니다. 회유형의 한 사람이 비난형의 비위를 맞추며 살아온 것입니다. 회유형의 마음속에는 불만이 쌓이게 됩니다. 표현되지 않은 원망이나 비난이 앙금처럼 남게 됩니다. 회유형은 '나는 쓸모없는 존재다'라는 낮은 자존감 때문에 우울증의 경향이 있거나, 어느 순간 '더 이상은 못 참겠다'면서 감정을 폭발해 버리는 경향이 있습니다.

무조건 참는 것은 건강하지 못합니다. '속이 썩어 문드러졌다'는 말이 있는데, 제대로 표현하지 못해 건강하지 못한 마음을 가졌음을 나타내는 말입니다. 화병도 그렇게 다 참고 사는 사람, 특히 한국 여자들에게서 나타나는 병이라고 합니다. 자신을 건강하게 표현하기를 배워야 합니다. 갈등을 해소하기 위해 대화를 시도해야 합니다. 부부의 친밀감을 위해, 두 사람 사이의 막힌 담을 없애는 긍정적인 노력이 필요합니다.

3. 듣지 않는 산만형

부부를 상담하다 보면 "배우자가 내 말을 도무지 들어주지 않아요" 혹은 "내 마음을 도무지 몰라줘요"라고 하소연하는 경우가 종종 있습니다. 사실 들어주지 않는다는 것은 관심을 기울이지 않는 것과 같습니다. 산만형의 사람들은 "내일 이야기합시다", "나중에 말해요", "나 지금 바빠요", "나도 피곤하다니까…" 하면서 상대방의 이야기에 귀 기울이지 않습니다.

때로는 자기 일에 너무 몰두해서 상대방이 지금 무엇을 원하는지, 무엇 때문에 힘들어하는지, 어디가 아픈지에 관심을 기울일 여력이 없습니다. 모처럼 진지하게 이야기하려 해도 제대로 듣지 않기 때문에 엉뚱한 소리를 하는가 하면 자기의 관심 분야로 주제를 바꿔서 기운 빠지게 만듭니다. 심지어 자리를 떠 버리기도 합니다. 이런 사람은 곁에 있어도 늘 서로 다른 세계에 살고 있는 것 같습니다. 상대방은 이해 받지 못한다는 생각으로 외롭고 답답하고 허전하며 괴롭습니다. 서로 간에 진정한 교류가 없기에 친밀감도 발전될 수 없습니다.

4. 냉정한 초이성형

매우 정확하고 이성적이며 분석적이지만 자신의 감정을 결코 드러내지 않는 유형입니다. 물론 상대의 감정을 받아 주고 공감하는 능력도 없습니다. 만일 가족 중에 문제를 일으키는 사람이 있다면, 초이성형은 그 문제를 지극히 사무적으로 처리해 버립니다. 무슨 일이든 분석적이고 이성적이며 재빠르게 처리하지만 그 과정에서 사람의 마음을 헤아리지는 않습니다. 진정한 대화를 시도하지도 않습니다. 그러면서 자신은 매우 합리적인 사람이라고 여깁니다. 가족이 약한 감정을 나타내면, 왜 그렇게 나약해서는 안 되는지에 대해 냉정하게 설명합니다. 이를테면 눈물을 흘리는 배우자에게 "울지 말아야 한다. 왜냐하면 당신이 눈물을 흘리는 것은 이리이러한 이유에서 비롯된 것인데, 그때에는 이렇게 하면 되는 것이다"라고 논리적으로 분석해 줍니다. 그러나 이런 이성적인 판단은 상대방의 감정에 아무런 공감을 일으키지 못합니다. 오히려 혼란과 좌절과 죄책감만 느끼게 합니다.

특히 유교 문화에서 자란 우리나라 남자들은 "남자는 울면 안 된다", "힘들어도 씩씩하게 참아야 한다", "감정을 드러내는 것은 나약함의 증거다"라는 말을 듣고 성장해서 초이성형의 성향을 가질 수 있습니다. 그러나 이들도 마음속 깊은 곳에서는 외로움과 두려움의 감정이 존재하고 있습니다.

인류의 구원자이신 예수님은 남성 중심의 유대 문화에서 성장하셨지만, 감정에 솔직하고 자유로우셨습니다. 요한복음 11장 35절에서 예수님은 죽은 나사로를 슬퍼하는 마르다와 마리아의 눈물을 보고 같이 눈물을 흘리셨습니다.

감수성을 개발하기 바랍니다. 사랑하는 사람에게 설명하기를 멈추고, "즐거워하는 자들과 함께 즐거워하고 우는 자들과 함께 우는"(롬 12:15) 사랑을 연습해 보십시오.

여기서 잠깐

1. 나는 네 가지 유형 중 어느 유형에 속합니까? 물론 여러 유형이 섞여 있기도 하지만 주로 사용하는 유형이 있을 것입니다. 왜 그런 대화 습관이 형성되었는지, 자신의 성장 배경과 가족 문화를 돌아보며 스스로를 이해하기 바랍니다.

_____
_____
_____

2. 나의 대화 습관 때문에 나의 파트너는 어떤 좌절을 겪어 왔을까요? 한번 헤아려 공감해 보세요.

_____
_____
_____

3. 자신이 비난이나 자기주장의 습관이 있다면 겸손히 인정하십시오. 그리고 그러한 습관이 형성된 어린 시절의 원인을 나누어 보십시오.

_____
_____
_____

03

건강한
대화 유형

　앞에서 자신의 대화 습관을 체크해 보았습니까? 사랑은 배우고 훈련해야 합니다. 마찬가지로 대화도 훈련해야 합니다. 대화의 기술을 배우고 익혀야 합니다. 모든 사람에게는 인격도 있고, 감정도 있고, 생각도 있고, 소원도 있습니다. 진정한 대화는 그것들을 다 주고받는 것입니다. 혼자서만 이야기하는 것이 아니라, 나도 이야기하고 당신도 이야기하는 것입니다. 당신의 소원과 나의 소원을 나누면서 서로 이해하는 것입니다. 서로의 가치관을 나누고 조율하기도 합니다. 진정한 대화는 상대방의 인격을 존중하는 것에서 시작됩니다.

1. 가장 좋은 대화법은 경청이다

대화의 시작은 경청입니다. 말하기보다 듣는 것이 먼저입니다. 잘 들어야 좋은 대화를 할 수 있습니다. 경청이란 말 그대로 상대방이 어떤 이야기를 할 때 잘 들어주는 것입니다. 어떤 일을 하다가도 상대방이 이야기를 시작하면 하던 일을 멈추고 귀를 기울이는 것입니다. 진정한 대화의 출발은 사랑하는 사람의 말에 귀를 기울이는 것입니다.

> "사연을 듣기 전에 대답하는 자는 미련하여 욕을 당하느니라"
> (잠 18:13).

> "…듣기는 속히 하고 말하기는 더디 하며 성내기도 더디 하라"
> (약 1:19).

위의 성경 말씀을 기억하십시오. 경청을 더 잘하기 위해 다음의 두 가지 노하우를 소개합니다.

- 맞장구치기

　맞장구치기란 상대방이 말할 때 고개를 끄떡이며 "그렇구나", "그랬어?", "정말?", "와~", "저런" 등의 반응을 하면서 들어주는 것입니다. 맞장구치기를 통해 내가 당신의 말을 진심으로 듣고 있음을 전달하는 것입니다. 설사 재미없는 이야기를 하더라도 잘 들어주기 바랍니다. 눈을 바라보며 들어주십시오. 공감하는 표정을 지으면 더욱 좋습니다. 자신의 이야기에 맞장구를 치면서 잘 들어주는 사람과는 더 많은 이야기를 하고 싶어집니다.

- 공감으로 되돌려 주기

　이번에는 상대방이 어떤 이야기를 할 때, 그 사람의 말을 다시 한 번 요약하거나 환언하여 상대에게 되돌려 주는 방법입니다. 이때 마음을 읽어 주는 공감이 반드시 포함되어야 합니다. 예를 들면 "오늘 회사에서 야근을 했는데, 아직도 일이 안 끝났어요" 했다면, "와, 정말 일이 많구나. 당신 많이 힘들겠다. 피곤하겠다. 그치?"라고 되돌려 주는 것입니다. 또는 아내가 "오늘 아이들이 하루 종일 징징거리고 말썽을 피웠어요" 했다면, "정말? 왜 그랬을까? 애들 키우는 일이 참 어렵다. 당신 정말 힘들지?"라고 반응해 주는 것입니다.

2. '나 전달법'(I-message) : 자기 자신을 잘 표현하라

상대방의 이야기를 잘 들어주는 것뿐 아니라, 자기 자신을 잘 표현하는 것도 건강한 사람의 특징입니다. 건강한 자기주장 방법 중에 '나 전달법'이란 것이 있습니다. '나 전달법'은 다음과 같이 실행할 수 있습니다.

첫째, 발생한 상황이나 사건을 정확하게 표현하며 전달합니다. 이를테면 "이러이러했을 때에…"로 시작되는 표현을 사용합니다. 이때 중요한 것은 비난이나 과장이 없어야 한다는 점입니다.

둘째, 첫 번째 구문에 연이어, 그러한 상황에서 느낀 자신의 감정을 진솔하게 전달합니다. 이를테면 "그랬을 때 나는 참 섭섭했어요"와 같은 표현입니다. 이때에도 중요한 것은 원망이나 비난이나 격함을 자제해야 한다는 것입니다.

- 긍정적 '나 전달법'

긍정적 '나 전달법'이란 평소에 감사와 칭찬을 구체적으로 잘 전달하는 표현법입니다. 칭찬도 정확하고 구체적이어야 효과가 있습니다. 칭찬과 감사는 또 다른 행복을 가져다줍니다. 평소에 '긍정적 나 전달법'을 잘 사용하면, '직면적 나 전달법'을 사용할 일이 별로 생기지 않습니다. '긍정적 나 전달법'은 상대방이 자발적으로 변화하도록 도와주기도 합니다.

〈예 1〉
"당신이 지난번에 우리 어머니에게 용돈을 드렸을 때에…."
→ "나는 정말 흐뭇하고 감사했어요. 고마워요."

〈예 2〉
"바쁜 중에도 내 생일을 잊지 않고 기억해 주어서…."
→ "정말 행복했어요. 감사해요."

〈예 3〉
"사람들 앞에서 나를 칭찬해 주어서…."
→ "나는 정말 행복하고 감동했어요. 정말 고마웠어요."

〈예 4〉
"당신이 열심히 일해서 월급을 가져다주니까…."
→ "우리 가족이 걱정 없이 살 수 있고, 아이들도 공부할 수 있어서 감사해요. 수고하셨어요."

〈예 5〉
"당신이 맛있는 음식을 요리해 주니까…."
→ "입맛이 돌아오고, 집에 들어오는 것이 기대돼요. 감사해요."

● 직면적 '나 전달법'

이번에는 화가 났을 때, 갈등이 생겼을 때, 감정이 격할 때 자신을 잘 표현하는 전달법입니다. 강조해서 말하지만, 비난하지 않으면서 자신의 좌절 등을 표현해야 합니다. 과장이나 원망을 섞어 해서도 안 됩니다. '직면적 나 전달법'을 잘 표현하면, 화자의 마음이 잘 전달됩니다. 그래서 미안한 마음이 들고, 다음부터는 더 잘해야겠다는 다짐을 하게 됩니다.

〈예 1〉
"내 생일을 미리 알려 주었는데도 기억하지 못 하니까…."
→ "내 마음이 서운했어요."
→ "나를 중요하게 생각하지 않는 것 같아 슬펐어요."

〈예 2〉
"우리 집에(본가/처가) 가자고 할 때, 가지 않으려 하니까…."
→ "서운한 마음이 들고, 당황스러웠어요."

〈예 3〉
"아까 사람들 앞에서 나를 놀리는 식으로 말했을 때…."
→ "좀 화가 났어요."
→ "나의 인격이 존중받지 못하는 것처럼 느껴졌어요."

여기서 잠깐

1. 지금부터 5분 동안 예비 배우자나 배우자의 이야기를 깊이 들어주십시오. 위에서 배운 경청의 방법을 활용해서 들어주십시오.

   _____
   _____
   _____

2. 평소 예비 배우자나 배우자에게 감사하던 마음을 '긍정적 나 전달법'을 사용하여 표현해 보십시오.

   _____
   _____
   _____

3. 그러잖아도 몸이 좋지 않았는데 시댁에 행사가 있어서 몸이 더 지친 상황이라고 합시다(상황은 바꾸어도 좋습니다). 이 상황에서 '나 전달법'으로 이야기하는 연습을 해 보십시오.

   _____
   _____
   _____

04

살리는 말
VS
죽이는 말

　말 한마디가 사람을 살릴 수도 있고, 죽일 수도 있습니다. 말에는 살리는 말과 죽이는 말이 있습니다. 아무리 사랑하는 사이이고 허물없는 사이라 해도, 결코 해서는 안 될 말들이 있습니다. 말의 위력은 대단한 것입니다. 혀는 온몸을 제어합니다. 말은 또한 영적인 영역입니다. "누구든지 스스로 경건하다 생각하며 자기 혀를 재갈 물리지 아니하고 자기 마음을 속이면 이 사람의 경건은 헛것이라"(약 1:26)는 말씀처럼 언어와 말을 통해 그 사람의 경건을 알 수 있습니다. 혀를 성령님께 의탁하십시오. 그리고 당신의 말 한마디로 예비 배우자나 배우자의 영혼에 사랑과 용기를 불어넣을 수 있기를 바랍니다.

> "죽고 사는 것이 혀의 힘에 달렸나니 혀를 쓰기 좋아하는 자는 혀의 열매를 먹으리라"(잠 18:21).

> "온순한 혀는 곧 생명나무이지만 패역한 혀는 마음을 상하게 하느니라"(잠 15:4).

부부 간에도 결코 해서는 안 되는 말이 있습니다. 비난하는 말, 비하하는 말, 무시하는 말, 약점을 들추는 말, 비교하는 말은 절대 해서는 안 됩니다. 아무리 화가 난다 해도 극단적인 말을 해서는 안 됩니다. 예를 들면 "헤어지자", "때려치우자", "잘난 게 하나도 없으면서", "그러니까 매일 실패하지, 뻔해", "정말 구제불능이야"와 같은 말은 사랑의 관계를 파괴시킵니다. 이런 말은 한 번 입 밖으로 나가면 돌이킬 수 없는 상처를 남깁니다. 문제와 갈등이 있으면 건설적인 대안을 제시하면서 풀어 나가십시오.

사랑은 무례하지 않아야 합니다. 사랑한다면 상대방의 인격을 존중해 주어야 합니다. 남자도 여자를 존중해야 하고, 여자도 남자를 존중해야 합니다. 서로 존중하는 말을 사용하십시오. 항상 세워 주는 말, 격려하는 말, 살리는 말을 하도록 노력하십시오. 상대방의 장점을 찾아 칭찬하십시오. 긍정적 말을 사용하십시오. 말대로 되는 법입니다.

부부 관계 가운데 예수님을 모셔 들이십시오. 정말로 미울 때, 도저히 견디기 어려울 때는 주님께 나아가 무릎 꿇고 기도하십시오. 주님께 일러바치십시오. "하나님, 저 사람이 제 마음을 도무지 몰라줍니다…." 그러곤 다시 나가서 배우자와 이야기하고, 또 사랑하고, 또 하나님 앞에 나아가 무릎을 꿇으십시오. 이렇게 해서 하나님으로부터 사랑의 능력을 공급 받기 바랍니다.

불행한 사람은 불행한 말을 합니다. 행복한 사람은 긍정적이고 행복한 언어를 사용합니다. 나 자신이 먼저 행복하기로 결단하십시오. 예수님 때문에 행복해야 합니다. 남편이나 아내 때문이 아니라 궁극적으로는 하나님의 사랑 때문에 행복하십시오. 건강한 대화법을 통해 우리 가정을 공격하는 마귀의 궤계를 능히 이기고, 서로 하나되는 연합의 역사가 일어나길 바랍니다.

여기서 잠깐

1. 당신의 언어생활은 어떻습니까? 긍정적인 말을 많이 합니까, 아니면 나도 모르게 부정적인 말을 많이 합니까? 자신을 돌아보십시오.

2. 예비 배우자나 배우자의 장점을 칭찬하는 글을 써 보십시오. 다 쓴 후 서로 읽어 주기 바랍니다.

3. 2번을 실행한 후 서로 어떤 생각이 들었는지 나누어 보십시오.

Q&A
Question & Answer

Question

결혼 5년차 주부입니다. 남편이 거의 매일 야근하는 바람에 얼굴 보기도 힘들어 이번 여름휴가를 고대하고 있습니다. 그런데 남편은 모처럼의 가족 여행을 시댁 어른들과 같이 가자고 합니다. 우리끼리 오붓하게 가고 싶은데 남편이 좀처럼 양보하지 않아요. 제가 너무 이기적인 건가요?

Answer

이기적인 것이 아니라 남편과 아내가 바라는 것이 다를 뿐입니다. 아마 남편은 평소에 부모에 대한 부담감이 많은 것 같습니다. 그래서 휴가를 이용해 부모를 기쁘게 해드리고 싶은 것이 남편의 마음인 듯합니다. 아내는 모처럼 휴가를 이용해 우리만의 시간을 갖고 싶습니다. 그렇다면 이제 바람의 차이를 어떻게 극복해 나갈 것인가, 그것이 관건입니다. 남편과 대화를 시작하십시오. 아내가 먼저 자신이 바라는 것을 정확하게 표현해 보십시오. 그런데 그동안 쌓아 둔 원망을 풀어 놓는 시간이 되면 곤란합니다. 내 마음을 몰라준다고 불평하는 것도 피해야 합니다.

이렇게 대화를 시도해 보십시오. 이를테면 "여보, 그동안 일만 하느라고 많이 피곤했죠? 당신 건강도 걱정이고요. 그래서 이번 휴가는 정말 휴가답게 충분히 휴식하면서 우리만의 재미있는 시간을 가졌으면 좋겠어요. 나도 그동안 당신과 오붓한 시간을 통 갖지 못해서 마음이 쓸쓸했어요. 물론 당신 마음도 이해할 수 있어요. 우리끼리 휴가를 가자니 아버님, 어머님에게 미안해서 그렇지요? 그럼 한번 연구해 보기로 해요. 부모님 마음도 흡족하게 해드리고, 우리끼리도 오붓한 휴가를 갈 수 있는 방법을 연구해 보자고요."

그런 다음 몇 가지 대안을 제시하는 것입니다. 먼저 부모님 모시고 가까운 데로 놀러 갔다 와서 여행은 우리끼리만 가는 방법도 있고, 여름휴가는 우리끼리 가고 추석 때 부모님 모시고 여행 가는 방법도 있습니다. 내 의견만 관철하려는 태도는 진정한 대화의 자세가 아닙니다. 나도 내 주장을 내려놓고, 당신도 내려놓아서 서로 원원하는 제3의 대안을 찾아보십시오. 가정을 위해 가장 좋은 방법을 찾아 나가는 진정한 대화를 시도할 수 있기 바랍니다.

일곱 번째 만남

성격 차이

── introduction ──

　결혼 전, 한창 연애할 때는 상대방의 약점도 보이지 않고 나와 다른 점도 눈에 들어오지 않습니다. 오히려 성격차이가 매력으로 보이기도 합니다. 내게 없는 면을 가져서 고맙기까지 합니다. 그러나 결혼 후 현실은 전혀 다르게 전개되기 시작합니다.

　"우리는 달라도 너무 달라요", "도저히 이해할 수 없어요", "다른 세계에서 사는 것 같아요", "어떻게 그렇게 생각할 수 있지요?", "정말 마음에 안 들어요" 하는 말들이 한숨처럼 나옵니다. 심지어 '성격 차이'라는 이유로 그 뜨겁던 사랑을 끝내려는 사람도 있습니다.

　우리나라 이혼율이 갈수록 높아지고 있는데, 가장 흔한 이혼 사유가 '성격 차이'입니다. 그러나 그들의 사연을 들어 보면 '차이'라는 범위가 꽤 포괄적인 것을 발견합니다. 생활 습관의 차이, 가족 문화의 차이, 가치관의 차이, 취미의 차이, 남녀의 차이, 기대의 차이, 소비의 차이, 그리고 실제로 성격의 차이가 다 포함됩니다.

　그런데 과연 이런 차이 때문에 그토록 공을 들인 사랑을 무너뜨려야 할까요? 내가 사랑하는 사람이 지극히 인간적인 한 사람이라면, 나 역시 현실 속에 존재하는 한 사람에 불과하다면, 두 사람의 차이란 당연할 수

밖에 없습니다. 그러한 차이를 이해하고 수용할 수만 있다면, 그리고 차이에 적응할 때까지 서로 인내할 수만 있다면, 그러한 차이는 오히려 서로를 보완하고, 확장시키고, 성장시키는 소중한 자원이 될 수 있습니다.

01

가족 문화의 차이를 인정하라

1. 역할에 대한 기대

결혼을 준비하면서, 누구나 결혼생활에 대한 나름의 자기 그림이 있을 것입니다. 신부는 아침에 일어나면 둘이 함께 예쁜 식탁에 앉아 커피와 토스트를 먹는 기대를 하고, 신랑은 신부가 지어 준 따끈한 밥에 시원한 국물을 기대할 수 있습니다. 신부는 퇴근 후 남편과 함께 근사한 외식을

하는 꿈을 꾸고, 신랑은 집에서 느긋하게 밥을 먹고 TV를 보는 꿈을 꿉니다. 그러나 서로 상대방이 어떤 그림을 그리는지 물어 본 적도, 대화를 나눈 적도 없습니다. 그래서 각자 그린 그림이 결혼 후 곧 실망으로 돌아오는 것입니다.

　결혼 전에 결혼생활에 대한 각자의 기대를 나누기 바랍니다. 이때 각자 자라온 가정환경과 습관, 문화에 대해 나누기 바랍니다. 이를테면 "우리 집에서는 요리는 엄마가 하고, 설거지는 주로 아빠가 맡아서 하셨습니다", "우리 집에서는 남자는 부엌에 들어가지도 못하게 했습니다", "우리 집에서는 돈 관리는 엄마가 했어요", "우리 집에서는 재정 관리와 저축은 모두 아빠가 담당했지요" 등 자세한 것까지 미리 대화를 나누어 가족 문화의 차이를 이해해야 합니다. 그런 다음 두 사람이 가꿀 결혼생활에서는 어떤 문화들을 채택할 것인지 대화를 통해 결정하면 좋습니다. 이를테면 다음과 같은 것들입니다.

　요리는 누가 할 것인가?
　설거지는 누가 할 것인가?
　돈 관리는 누가 할 것인가?
　쇼핑은 누가 할 것인가?
　청소는 누가 할 것인가?
　세탁기는 누가 돌릴 것인가?
　쓰레기는 누가 버릴 것인가?

전구 등이 고장 나면 누가 고칠 것인가?
아침식사는 어떻게 할 것인가?
주말에는 어떻게 시간을 보낼 것인가?

2. 유사성의 원리

결혼 후 상이한 차이가 부부 갈등의 요인이 된다면, 아무래도 원가족의 가족문화가 유사할수록 충돌과 갈등이 줄어들 수 있습니다. 이를테면 새로운 가정을 세워 나갈 때 남녀 역할, 생활 습관, 특히 가족의 가치관과 신앙 등이 유사할수록 적응과 일치가 비교적 잘 이루어질 것입니다. 그래서 고린도후서 6장 14절에서 "너희는 믿지 않는 자와 멍에를 함께 메지 말라"고 했습니다. 진정한 신앙은 세계관과 가치관의 영역을 포함하기 때문입니다. 세계관은 삶의 모든 주제를 어떻게 바라보고 해석하고 실천하는가에 관한 생각의 틀입니다. 만일 결혼 후 부부의 세계관이 너무 다르다면 모든 영역에서 갈등할 수밖에 없습니다. 반대로 세계관이 비슷하다면 비교적 차이와 갈등의 폭을 좁힐 수 있습니다. 그것을 유사성의 원리라고 합니다.

그러나 어느 커플도 완전히 모든 것에 일치할 수는 없습니다. 30년 가까운 세월 동안 서로 다른 가정에서 성장했고, 서로 다른 개성을 지닌 두 사람이 만났으니 당연한 것입니다. 아무리 가족 문화가 유사하고 세계관이 유사해도 차이는 분명히 존재합니다. 따라서 중요한 것은 서로가 각자의 개성과 문화에 대해 이해하고 용납하는 것입니다. 먼저 나와 다르다는 것을 이해해야 합니다. 틀린 게 아니라 다르다는 것을 알아야 합니다. 살아온 환경이 다르고 생각하고 행동하는 방식이 다를 수 있음을 이해해야 합니다. 그런 다음에는 그것을 내 입맛에 맞게 뜯어고치는 것이 아니라 있는 그대로 용납해야 합니다. 피차에 용납이 이뤄지면 놀랍게도 일치와 연합이 일어나게 됩니다.

여기서 잠깐

1. 항목별로 어떤 수고와 즐거움이 따를지 서로 재미있게 이야기를 나누어 보십시오.

2. 우리 가정에서는 각각의 역할을 누가 맡을 것인지, 합의를 도출해 보십시오. 누가 어떤 역할을 맡을 것인지는 중요하지 않습니다. 다만 형편에 따라, 은사에 따라, 자발적인 마음으로 각각의 역할을 맡아 보십시오.

02

남녀의 차이를 이해하라

　창조주 하나님께서는 남자와 여자를 창조하셨습니다. 남자도 하나님의 형상으로 만드셨고, 여자도 하나님의 형상대로 창조하셨습니다. 그리고 둘이 함께 청지기의 사명을 감당할 수 있도록 결혼 제도를 만드셨습니다. 남자와 여자는 둘 다 하나님의 형상입니다. 그래서 사실은 차이점보다는 공통점이 훨씬 많습니다.

그러나 남자와 여자 간에는 신체적으로도, 생리적으로도, 심리적으로도 분명 차이가 있습니다. 조심스러운 것은 항상 개인차가 존재하기 때문에 '남자는 이렇다', '여자는 이렇다'고 일반화하기에는 무리가 따른다는 사실입니다. 다만 결혼생활에서 남편과 아내의 기대가 다를 수 있으므로 그런 기대와 필요를 이해하자는 것입니다. 일반적으로 그리고 경험적으로 볼 때, 남편과 아내가 서로에게 요구하는 것들은 대략 다음과 같습니다. 요구의 우선순위도 사람마다 다를 수 있습니다.

- 남편이 아내에게 요구하는 다섯 가지
    1. 성적 충족을 얻게 해 주는 아내
    2. 여가를 함께 보내는 친구 같은 아내
    3. 자신을 가꿀 줄 아는 매력적인 아내
    4. 남편을 유능하게 돕고, 내조를 잘하는 아내
    5. 남편에게 존경심을 보이는 아내

- 아내가 남편에게 요구하는 다섯 가지
    1. 아내를 존중하고 아끼고 사랑해 주는 남편
    2. 정직하고 진실하여 신뢰할 수 있는 남편
    3. 경제적 부양에 책임을 다하는 남편
    4. 이야기를 잘 들어주고 대화가 통하는 남편
    5. 아내, 자녀, 가족을 위해 시간과 수고로 헌신하는 남편

성경적인 입장에서 본다면, 남편의 역할을 잘하려면 예수님에게서 본을 찾아야 합니다. 성경은 "남편들아 아내 사랑하기를 그리스도께서 교회를 사랑하시고 그 교회를 위하여 자신을 주심같이 하라"(엡 5:25)고 당부하고 있습니다. 즉 연약한 교회를 사랑하시기 위해 자신을 남김없이 십자가에서 희생한 것처럼, 아내를 사랑하라는 것입니다. 또 "남편들아 이와 같이 지식을 따라 너희 아내와 동거하고 그를 더 연약한 그릇이요 또 생명의 은혜를 함께 이어받을 자로 알아 귀히 여기라"(벧전 3:7)고 말씀하고 있습니다. 아내를 사랑하고 귀히 여기는 것이 남편의 주된 역할인 것입니다.

아내의 역할도 마찬가지로 예수님에게서 본을 찾아야 합니다. 에베소서에서 "아내들이여 자기 남편에게 복종하기를 주께 하듯 하라"(엡 5:22)고 명령하고 있습니다. 여기서 복종은 예수님이 하나님과 동등하지만 기꺼이 자기를 낮추어 하나님께 순종하신 것처럼, 아내도 남편과 인격적으로 동등하지만 남편의 리더십을 인정하고 순종하라는 것입니다. 성숙한 아내는 순종할 수 있습니다. 순종은 능력 있는 아내의 당당한 모습입니다.

또 베드로전서에서는 "너희의 단장은 머리를 꾸미고 금을 차고 아름다운 옷을 입는 외모로 하지 말고 오직 마음에 숨은 사람을 온유하고 안정한 심령의 썩지 아니할 것으로 하라"(벧전 3:3-4)고 말씀하고 있습니다. 외모를 꾸며서가 아니라 내면의 안정감과 온유함으로 아내의 역할을 감당하라는 당부입니다.

03

성격의 차이를
축복으로 받아들이라

　결혼을 앞두고 서로의 성격을 이해하는 것은 매우 중요합니다. 왜냐하면 이혼 사유에서 단연 '성격 차이'가 우위를 차지하기 때문입니다. 또 평생 한 팀을 이루어 가야 할 사람이므로 상대의 특성과 기질을 미리 파악하는 것은 매우 유익합니다. 상대방의 성격만 알아보는 것이 아니라, 자신의 성격도 이번 기회에 연구해 보십시오. 고대부터 사람들은 성격에 차이가 존재함을 분명하게 인식했습니다. 그래서 히포크라테스는 사람의 기질을 체액의 분비와 연관 지어 다혈질, 우울질, 담즙질, 점액질로 분류했습니다. 최근에는 칼 융의 심리 유형 이론에 근거하여 발전시킨 MBTI 성격검사*가 가장 널리 이용되고 있습니다. 아래 제시한 성격 유형을 통해 서로를 더 깊이 이해하고 용납하는 기회가 되기를 바랍니다.

1. 외향형 vs 내향형

- 에너지의 방향과 주의의 초점이 어느 쪽인가?

외향형(Extrovert)의 사람은 에너지가 많아 보입니다. 활동적이며 사교적입니다. 자기의 내면을 쉽게 드러내며, 말을 거침없이 하는 경향이 있습니다. 사람의 얼굴을 잘 기억하고, 사람 만나는 것을 좋아하며, 만나자마자 곧 친해집니다. 전화번호부에도 명단이 아주 많습니다. 한 사람과 깊이 사귀기보다는 많은 사람과 폭넓게 교제합니다. 내향형의 사람이 보기에는 경솔하다고 생각할 수도 있습니다.

내향형(Introvert)의 사람은 에너지가 쉽게 소모됩니다. 그래서 사람을 한참 만나다 보면 에너지가 고갈되어 혼자 있는 시간과 공간이 필요합니다. 그래서 밖에 있다가도 빨리 집에 들어가고 싶어 합니다. 때로는 비사교적이라는 소리를 듣습니다. 또한 내면세계를 좋아하고 감정 표현도 억

---

* 마이어스-브릭스 유형지표(Myers-Briggs Type Indicator)의 약자로서 1910년대에 캐서린 브릭스에 의해 시작되어, 그녀의 딸 이사벨 마이어스에 의해 발전되었다. 칼 융의 심리 유형 이론에 근거하였다.

제하는 편입니다. 전화보다는 이메일을 선호하기도 합니다. 많은 사람을 사귀지는 않지만, 친한 사람과는 깊게 대화를 나눕니다. 외향형의 사람이 보기에는 답답하고 이해하기 어려운 사람으로 여겨지기도 합니다.

잠깐!

나는 외향형인가, 내향형인가? 나의 예비 배우자 또는 배우자는 외향형인가, 내향형인가? 서로 나누어 보십시오.

---

2. 감각형 vs 직관형

- 무엇을 어떻게 이해하고 인식하는가?

감각형(Sensing)의 사람은 정보를 취할 때 보고, 듣고, 만지고, 맛보고, 냄새 맡는 오감을 활용하여 취하고 처리하고 추론합니다. 따라서 사실적이고 객관적이며 현실적이고 정확합니다. 어떤 사실을 이해할 때도 처음부터 차근차근 순서에 따라 세부 사항을 관찰하고 이해하고 설명하려 합니다. 지도와 나침반과 세부적인 지침을 좋아하고 잘 따릅니다. 새로운 통찰이나 미래지향적인 생각보다는 현재의 사실에 주의를 기울입니다. 직관형의 사람이 보기에는 별로 중요하지 않은 것에 신경 쓴다고 여길 수 있습니다.

직관형(Intuition)의 사람은 여섯 번째 감각, 즉 육감을 통해 정보를 취합합니다. 그래서 직관에 의해 전체적으로 정보를 처리합니다. 추상적이며 주관적이고 종합적이기에, 때로는 지금보다는 전체와 미래를 보기 때문에 비현실적으로 보이기도 합니다. 세밀한 정보를 구하지 않고도 육감과 직관으로 판단을 잘 내립니다. "좋다", "의미가 있다", "왠지 될 것 같다" 등의 표현을 잘 사용하는데, 근거를 물어 보면 "그냥 그렇다"고 대답합니다. 감각형의 사람이 보기에는 대책 없는 이상주의자로 보일 수 있습니다.

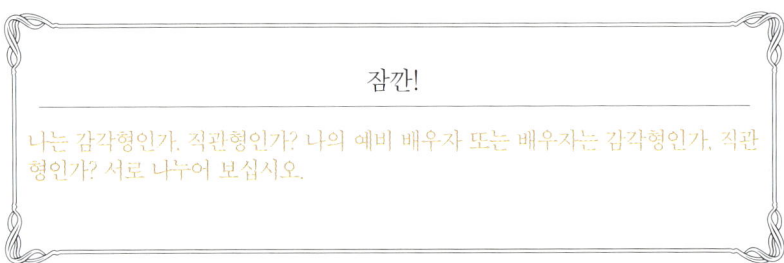

잠깐!

나는 감각형인가, 직관형인가? 나의 예비 배우자 또는 배우자는 감각형인가, 직관형인가? 서로 나누어 보십시오.

3. 사고형 vs 감성형

- 결정과 판단을 할 때, 사고 또는 감정 중 어느 것을 사용하는가?

사고형(Thinking)의 사람은 좌뇌를 주로 사용하는 논리적인 사고의 소유자입니다. 어떤 사건이 발생하면 원리와 원칙을 생각하며 객관적으로 일을 처리합니다. 정의, 공평, 이성, 법, 질서 등을 중요하게 생각합니다. 감정이 없다는 것이 아니라, 감정보다는 머리를 먼저 사용하여 정확하게 결정을 합니다. 어려운 일이 닥쳐도 쉽게 평정과 냉정함을 잃지 않습니다. 감성형의 사람이 보기에는 몰인정하고 냉정하다고 여겨질 수 있습니다.

감성형(Feeling)의 사람은 우뇌를 주로 사용하며, 마음이라는 척도로 의사결정을 합니다. 어떤 사건이 발생하면, 연루된 사람의 마음이 행여나 상하지 않았을까 신경을 씁니다. 그래서 조화와 일치가 이루어지지 않으면 무척 괴로워합니다. 측은지심으로 약자의 편을 들기 때문에 불필요한 일에 연루되기도 합니다. 업무를 진행할 때도, 성과보다는 사람 또는 관계에 초점을 둡니다. 사고형의 사람이 보기에는 우유부단하고, 원리 원칙을 지키는 것에 약하다고 오해할 수 있습니다.

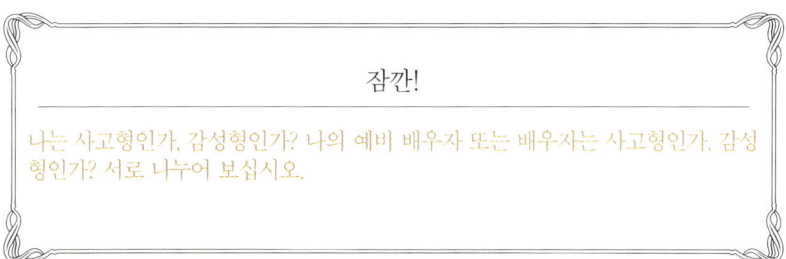

잠깐!

나는 사고형인가, 감성형인가? 나의 예비 배우자 또는 배우자는 사고형인가, 감성형인가? 서로 나누어 보십시오.

4. 판단형 vs 인식형

- 일 처리와 계획을 수립할 때, 어떤 생활양식을 택하는가?

판단형(Judging)인 사람은 비판이나 판단을 잘한다는 의미가 아닙니다.

일상생활에서 일과 업무를 잘 계획하고, 체계적이고, 조직적으로 한다는 의미입니다. 분명한 목적 의식과 방향 감각을 가지고 있으며, 방과 책상의 정리 정돈을 잘합니다. 정리와 준비가 되어 있지 않으면 스트레스를 많이 받습니다. 갑작스런 변경을 잘 받아들이지 못해 하나의 계획이 완수되지 않았는데 또 다른 일을 계획하는 것을 힘들어합니다. 정해진 기한에 맞춰 일을 추진하는 것을 미덕으로 여깁니다. 인식형의 사람이 보기에는 여유와 융통성이 없어 보입니다.

인식형(Perceiving)인 사람은 인식과 관찰을 잘한다는 의미가 아닙니다. 일상생활에서 일과 업무를 자율적이고 유연하며 융통성 있게 처리한다는 의미입니다. 상황에 따라 목적과 방향을 얼마든지 바꿀 수 있습니다. 방과 책상이 정돈되지 않아도 전혀 문제되지 않습니다. '변경 가능'이라는 용어를 좋아하며, 모든 가능성에 열려 있습니다. 마감 시간이 임박하였을 때 긴박감과 함께 일의 효율이 높아집니다. 판단형의 사람이 보기에는 즉흥적이고 무계획적으로 보입니다.

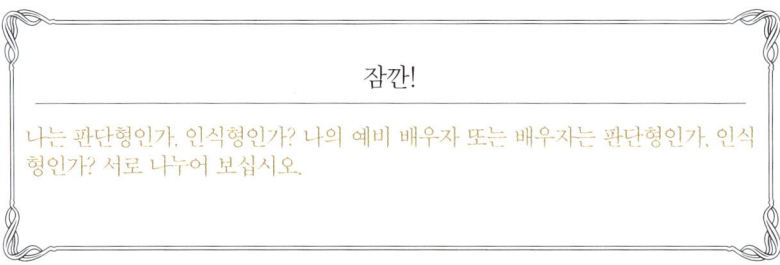

잠깐!

나는 판단형인가, 인식형인가? 나의 예비 배우자 또는 배우자는 판단형인가, 인식형인가? 서로 나누어 보십시오.

재미있는 사실은 사람들은 일반적으로 자기와 반대되는 성격 유형의 사람들에게 매력을 느낀다는 것입니다. 아마도 전혀 다르다는 것이 신비롭게 다가오기 때문인 듯합니다. 그러나 결혼 후에는 나와 다르다는 것이 갈등의 요인이 될 수 있습니다. 물론 자기와 비슷한 유형의 사람이라면 이해하기 쉽고 받아들이기도 쉬울 것입니다. 놀라운 것은 다르다는 것이 축복이 될 수 있다는 사실입니다. 다름은 서로를 풍성하게 보완할 수 있기 때문입니다. 또 자기만의 아성을 뛰어넘어 나의 영역을 넓히고 도전할 수 있는 소중한 자원이 되기 때문입니다. 다름을 이해하고 그대로 받아들이기만 하면, 그것은 갈등이 아니라 성숙이며 축복인 것입니다.

04

영적은사의 차이를 존중하라

사람에게는 누구나 하나님이 주신 재능과 달란트가 있습니다. 또 예수님을 믿고 성령을 받으면, 각 사람은 성령님으로부터 개별적인 은사를 부여 받습니다. 그것은 사람마다 각각 달라서 '혹 예언으로, 섬기는 일로, 가르치는 일로, 위로하는 일로, 구제하는 일로, 긍휼을 베푸는 일'(롬 12:6-8, 고전 12:8-31 참조)로 영적 은사를 받습니다.

이러한 은사들의 목적은 "분쟁이 없고 오직 여러 지체가 서로 같이 돌보게"(고전 12:25) 하기 위해서입니다. 그리고 모든 은사 중에 가장 좋은 것이 바로 '사랑의 은사'라 하였습니다.

이와 같이 그리스도인의 결혼은 남자와 여자로서, 또는 서로 다른 성격을 가진 두 사람이, 혹은 각자 다른 성령의 은사를 가지고 사랑의 공동체를 이루는 것입니다. 다르기 때문에 분쟁이 있는 것이 아니라, 서로 다르지만 한 몸을 이루는 것입니다. 다른 성격과 특성을 가진 두 사람이 서로 존귀하게 여기며, 지지하며, 피차 복종하는 성숙한 동반자의 관계를 갖는 것입니다. 요한복음 17장 22절에서 "우리가 하나가 된 것같이 그들도 하나가 되게 하려 함이니이다"라고 중보하신 예수님의 간곡한 기도에 대한 응답의 삶을 살아 드리는 것입니다. 서로 다른 것은 선물이고 축복이고 연합이라는 것을 잊지 마십시오.

Let's celebrate our differences!

Q&A
Question & Answer

Question

결혼한 지 얼마 안 된 새댁입니다. 저는 외향적이라 사람들과 어울리는 걸 좋아하고, 남편은 내향적이라 혼자 있는 걸 좋아합니다. 저와는 다르게 조용하고 자상한 남편의 모습에 반해 결혼을 결심했습니다. 주위에서도 성격이 다른 커플이 잘산다는 이야기를 많이 해 주어서 성격 차를 잘 극복할 수 있을 거라 생각했고요. 그런데 결혼 후 그것이 쉽지 않다는 걸 느낍니다. 남편은 말이 별로 없는데다 모임에 나가면 잘 어울리지 못해 혼자 떨어져 있는 편입니다. 친정에 가도 TV만 보고 있고요. 한창 신혼인데도 저희는 자주 싸웁니다. 아니, 저 혼자서 일방적으로 화를 내고 남편은 대꾸도 잘 안 합니다. 어떻게 이 차이를 이겨 내야 할지 모르겠습니다.

Answer

성격 차이 때문에 싸우지 않는 부부는 없을 것입니다. "도대체 이해할 수가 없어", "어쩌면 그럴 수가 있어?", "뭐 그런 걸 가지고 그래?" 하며 서로 공격하기도 하지요. '결혼 초에는 누구나 싸운다'고 여기십시오. 그러나 잘 싸워야 합니다. 공정한 싸움을 배워야 하며, 다툼을 통해 서로 이해할 수 있어야 합니다. "나무를 보고 왜 초록색이냐고 말하지 말라, 물을 보고 왜 흘러가느냐고 말하지 말라"는 말이 있습니다. 상대의 성격을 탓하고 공격하는 것은 무리입니다. 성격을 바꾸라는 요구는 누구에게나 무리이며 불가능한 요구입니다. 서로가 다름을 인정해야 합니다.

남편의 내향적인 성격을 이해하십시오. 내향형은 혼자 말없이 있는 시간이 필요합니다. 그래야 에너지가 생깁니다. 남편은 신중하고 생각이 깊은 사람입니다. 남편의 성격을 이해하고 그대로 수용하십시오. 그가 틀렸다고 생각하지 말고, 나와 다르다고 인식하기 바랍니다. 그리고 그대로 받아들이면 마음이 훨씬 평안해집니다. 사랑이란 그 사람의 있는 모습 그대로를 인정해 주고 용납하는 것입니다.

둘 다 내향형이면 집이 지나치게 조용하고, 사교적인 면이 부족할 것입니다. 둘 다 외향형이면 너무 시끄러울 수 있습니다. 남편을 있는 모습 그대로 수용해 보십시오. 서로의 차이를 수용하고 활용하면, 그러한 차이가 서로의 부족을 메워 주는 장점이 될 수 있습니다. 부부의 서로 다른 점은 서로를 보완하여 훌륭한 한 팀을 만들 수 있습니다.

여덟 번째 만남

돈과 경제

― introduction ―

　가정은 경제 활동의 기본 단위이며 근거지입니다. 사랑으로 많은 어려움을 이길 수 있을 것 같지만 의외로 돈 때문에 갈등을 겪는 경우가 참 많습니다. 이혼 사유 중에도 돈과 관련된 사항이 많습니다. 가정에서 돈 이야기는 끊이지 않는 화두 중 하나입니다. 돈이 많으면 가정이 행복할 것 같지만 오히려 분열이 오는 경우가 더 많습니다. 또 경제적 어려움을 겪으면서도 사랑으로 똘똘 뭉쳐 더욱 단단해지는 가정도 있습니다.

　돈은 자체가 나쁜 것은 아니지만 어떤 관점에서 바라보고 어떻게 사용하느냐에 따라 우리에게 선이 되기도 하고 악이 되기도 합니다. 따라서 성경적인 재정관을 반드시 짚고 넘어갈 필요가 있습니다. 배우자와 나는 어떤 경제관을 갖고 있는지 서로 점검해 볼 필요가 있습니다.

　하나님은 모든 복의 근원이시며, 우리에게 한없는 복을 내려 주시는 분입니다. 영적인 복뿐 아니라, 물질의 복도 분명히 제공해 주십니다. 만물을 전적으로 주관하시는 하나님은 우리 인생을 부하게도, 가난하게도 하십니다. 부유함도 가난함도 단지 각자의 삶에 맡겨진 바가 다른 것뿐입니다. 중요한 것은 청지기로서 맡겨진 돈을 어떻게 사용하고 다스리는가입니다. "돈을 사랑함이 일만 악의 뿌리"(딤전 6:10)가 된다는 것을 명심하고, 성경의 원리에 따라 돈을 운영해야 합니다. 자신도 모르는 사이에 돈을 지나치게 사랑함으로 돈이 가정의 우상이 되지 않도록 늘 깨어 있어야 합니다.

소유에는 책임이 따릅니다. 내가 수고해 번 돈이니 내 맘대로 할 수 있다는 생각은 잘못된 것입니다. 탐심은 우상숭배라고 성경은 말하고 있습니다(골 3:5). 우리가 소유한 것들은 하나님께 드려진 바 되지 않으면 우상이 될 가능성이 높습니다. 우리는 청지기로서 재정까지도 잘 관리해야 합니다. 하나님의 경제 원칙대로 순종하며 살기만 하면, 아무리 세계 경제가 불황이어도 우리의 일용할 양식과 필요는 하나님께서 공급해 주십니다.

01

재물이 결코
행복을 주지 않는다

물질이 행복을 보장하지 않는다는 말은 많이 회자되고 있습니다. 예수님을 찾아온 부자 청년이나 소유의 얼마를 숨겨 성령을 속인 죄로 죽은 아나니아와 삽비라는 물질 앞에 넘어진 대표적인 성경 인물입니다. 지금도 물질 때문에 시험에 들고 물질 때문에 아픔을 겪는 사람들이 많습니다. 당신의 가정을 움직이는 물질관은 무엇입니까? 어떻게 해야 물질에 지배당하지 않으며 자유할 수 있을까요?

1. 작은 것에 감사하며 시작하라

　여러분은 신혼살림을 어떻게 시작하려 합니까? 번듯한 아파트에서 신혼을 시작하지 못하면 불행하다고 생각하나요? 요즘 젊은 부부들은 처음부터 모든 것을 다 갖추고 시작하려는 것 같습니다.

　나의 신혼생활은 침대도 소파도 없이 시작되었습니다. 더운 물도 없었고, 수세식 화장실도 없었고, 밤중에 일어나 연탄을 갈아 넣어야 하는 그런 집에서 신혼살림을 차렸습니다. 연탄불에 물을 데워 마당까지 들고 나와 머리 감고 세수했지만, 귀찮거나 불편한 줄 몰랐습니다. 마루에 있던 연탄난로는 낭만적으로까지 느껴졌습니다. 난로 위에서 끓던 물주전자의 뜨거운 김 서림은 지금도 따스한 추억으로 남아 있습니다. TV를 새로 장만하고, 전기밥솥을 새로 구입하고는 마치 부자가 된 듯 얼마나 기뻐했는지 모릅니다.

　단칸방에서 시작해 살림을 하나씩 늘려 가는 즐거움을 누려 보십시오. 행복은 물질의 부요함에서 오는 것이 아닙니다. 부자는 가진 재물 때문에 오히려 근심이 많을 수 있습니다. 집이나 아파트 평수를 비교하지 마십시오. 남편의 월급도 비교하지 마십시오. 진정한 행복은 감사하는 마음에서 시작됩니다. 오늘을 감사하면 내일도 감사가 찾아옵니다. 이것이 영적 비밀입니다. 계속 감사하면 평생 감사와 행복을 소유할 수 있습니다.

"내가 궁핍하므로 말하는 것이 아니니라 어떠한 형편에든지 나는 자족하기를 배웠노니 나는 비천에 처할 줄도 알고 풍부에 처할 줄도 알아 모든 일 곧 배부름과 배고픔과 풍부와 궁핍에도 처할 줄 아는 일체의 비결을 배웠노라"(빌 4:11-12).

사도 바울은 자족하기를 배웠다고 했습니다. 하나님의 청지기로 물질을 잘 관리하기 위해서는 비천에 처할 줄도 알고 풍부에 처할 줄도 알아야 합니다. 물질의 많고 적음으로 나의 삶을 좌우당하지 마십시오. 가난해도 얼마든지 행복할 수 있습니다. 하나님 아버지의 전적인 공급하심을 믿고 신뢰하십시오. 범사에 감사하는 생활을 하십시오. 물질이 얼마만큼이든지 행복한 시작을 할 수 있음을 굳게 믿으십시오.

2. 돈을 사랑하지 말기

돈을 너무 사랑하지 마십시오. 돈을 위해 살지 마십시오. 돈에 집착하지 마십시오. 돈을 따라다니지도 마십시오. 존 칼빈은 "부가 마음을 지배하고 있는 곳에는 하나님의 권위가 사라진다"고 했습니다. 누구나 처음에는 그렇지 않다고 하지만, 돈을 조금 더 많이 벌기 위해 조금 더 시간과 노력을 투자하다 보면, 어느새 돈이 우리 가정을 지배하고 있음을 깨닫게 됩니다. 하나님과 맘몬을 동시에 섬길 수는 없습니다. 한 여자가 두 남편을 가질 수 없는 것과 같습니다. 돈을 사랑하면 돈이 우리의 우상이 되어 버립니다.

> "부하려 하는 자들은 시험과 올무와 여러 가지 어리석고 해로운 욕심에 떨어지나니 곧 사람으로 파멸과 멸망에 빠지게 하는 것이라 돈을 사랑함이 일만 악의 뿌리가 되나니 이것을 탐내는 자들은 미혹을 받아 믿음에서 떠나 많은 근심으로써 자기를 찔렀도다"(딤전 6:9-10).

돈이 우리 가정의 주인이 되지 않도록 늘 영적으로 깨어 있어야 합니다. 돈을 사랑함으로써 미혹을 받지 않도록 해야 합니다. 성경에는 돈과 관계된 이야기가 많이 나옵니다. 예수님도 한 부자의 예를 들어 소유에 대해 말씀하셨습니다.

어떤 부자가 곡식을 쌓아 둘 곳이 없을 정도로 소출이 많았습니다. 그가 스스로 이제 평안히 쉬고 먹고 마시고 즐거워하자고 하자, 하나님께서는 그더러 어리석다 말씀하시며 오늘밤에 그의 영혼을 찾으실 거라고 하셨습니다(눅 12:19-21). 자기를 위해 부를 쌓으며 돈에 집착하는 것이 얼마나 어리석은 일인지 모릅니다.

돈보다 더 중요한 것이 있습니다. 바로 인간관계이며 가족관계입니다. 특히 돈과도 바꿀 수 없는 것이 있는데, 그것이 바로 부부의 사랑입니다. 서로 상처 받지 않도록 아껴 주고 배려하고 존중하며 세워 주는 부부의 사랑이 필요합니다. 그러한 사랑으로 부부가 하나될 수만 있다면, 어떠한 어려움이 닥쳐도 너끈히 극복할 수 있습니다.

어떤 자매님의 간증입니다. 남편이 갑자기 회사에서 해고당하자 미래에 대한 염려가 엄습해 왔습니다. 자녀들의 교육비도 막막했습니다. 그러나 순간 가장인 남편의 마음을 헤아려 보았습니다. 그날 저녁, 아내는 남편에게 이렇게 말했다고 합니다.

"여보, 염려 마세요. 그동안 수고 많았어요. 괜찮아요. 당신만 건강하면 우리는 걱정 없어요. 당신은 나와 아이들에게 너무나 소중한 존재라는 것을 잊지 마세요. 아버지 하나님께 기도하면 분명히 다른 길이 열릴 거예요. 더 좋은 일이 있을 거예요. 사랑해요."

아내의 이 같은 말에 남편은 새로운 용기와 힘을 얻었고, 얼마 후 새로운 일을 시작할 수 있었습니다.

인생을 살다 보면 어느 가정에나 위기와 어려움이 찾아오게 마련입니다. 이때 명심할 것은 돈보다 관계, 사랑, 가족이 더 중요하다는 사실입니다. 돈보다 가족의 사랑을 선택하십시오. 사랑과 관계를 잃지만 않는다면 반드시 물질도 우리를 향해 걸어 들어올 것입니다. 지금은 고통스럽고 괴롭지만, 조만간 경제 위기도 반드시 극복하게 될 것입니다.

여기서 잠깐

1. 나의 우선순위는 무엇입니까? 하나님입니까, 예비 배우자나 배우자입니까, 돈입니까? 마음을 들여다보고 솔직히 나누어 보십시오.

   _____
   _____
   _____

2. 돈 문제로 시험에 든 경험이 있다면 나누어 주십시오.

   _____
   _____
   _____

3. 나는 재정의 위기시에나 재정이 넉넉할 때 어떻게 돈 관리를 합니까?

   _____
   _____
   _____

02

성경이 말하는 재정의 원리

　누구나 복을 받기 원합니다. 우리가 하나님의 자녀가 되고 그분 말씀에 순종하면 하나님이 왜 복을 주시지 않겠습니까? 아브라함은 엄청난 부자가 됐습니다. 요셉도 국무총리로 부요한 삶을 살았습니다. 우리가 돈을 소유하고 그 복을 누리는 것이 본래 하나님의 뜻입니다. 물질을 어떻게 사용하느냐에 따라서 선한 영향력을 끼칠 수도, 악한 영향력을 끼칠 수도 있기 때문에 물질에 대한 지혜가 필요합니다.

1. 십일조는 우리를 보호한다

　십일조에 대해 이야기하기 전에 먼저 십일조가 무엇인지 알아야 합니다. 십일조는 '열 번째 부분'이라는 뜻으로 하나님께 드리기 위해 따로 구별된 것입니다. 유대인들은 소득의 십 분의 일을 드렸고, 구제 등을 위해 따로 구별해 드리기도 했습니다. 십일조는 하나님이 우리의 생명, 삶, 가정의 주인(Lord)이라는 것을 완전히 인정하고 맡겨 드린다는 믿음과 순종의 행위이며, 하나님께 의지하고 감사하는 표현입니다. 십일조는 영적인 보험입니다. 초대교회 성도들도 기뻐하며 헌금을 드렸습니다.

　십일조는 하나님께 드리는 상한선이 아니라 최저한도이며, 출발선입니다. 십일조 외에도 어떤 필요나 기회가 있을 경우 더 많이 드릴 수 있습니다. 믿음이 없이는 온전한 십일조를 드리기가 쉽지 않습니다. 많은 사람들이 부흥회나 찬양 예배 때 하나님께 자기 인생을 전부 맡기겠노라고 눈물 콧물 다 쏟으며 고백하고 헌신하지만 실제로 하나님께 재물을 바치겠느냐는 질문에는 선뜻 그러겠다고 대답하지 못합니다. 재물을 드리기는커녕 십일조 내기도 어려워하는 사람이 많습니다.

　십일조는 눈에 보이는 믿음의 증거입니다. 부요하신 하나님께서 돈이 필요해서 우리에게 십일조를 내라고 하시는 것이 아닙니다. 오히려 십일조는 세상의 신으로부터 우리를 구원하시는 하나님의 사랑과 보호와 안

전장치입니다. 십일조를 통해 선한 돈이 유통되어 가난한 자들을 돕고, 선교가 이루어지며, 하나님의 나라가 확장되는 섭리도 있습니다. 그러나 궁극적으로 십일조는 우리 자신들을 위한 영적인 보험과도 같습니다. 가장 확실한 하늘의 보험인 것입니다. 결혼 초부터 십일조를 시작해 보십시오. 물질의 순종을 통해 당신의 가정이 하나님의 온전한 보호를 보장받는 복이 있기를 바랍니다.

> "만군의 여호와가 이르노라 너희의 온전한 십일조를 창고에 들여 나의 집에 양식이 있게 하고 그것으로 나를 시험하여 내가 하늘 문을 열고 너희에게 복을 쌓을 곳이 없도록 붓지 아니하나 보라 … 내가 너희를 위하여 메뚜기를 금하여 너희 토지 소산을 먹어 없애지 못하게 하며 너희 밭의 포도나무 열매가 기한 전에 떨어지지 않게 하리니"(말 3:10-11).

2. 긍휼과 구제도 우리를 보호한다

또 한 가지 하나님께서 매우 기뻐하시는 것이 있는데, 그것이 바로 긍휼과 구제입니다. 부요함의 참된 의미는 얼마나 많이 드렸는가가 아니라 얼마나 적게 움켜쥐고 있느냐입니다. 물질의 청지기로서 하나님이 기뻐하고 사용하기 원하시는 곳에 적절하게 쓸 줄 알아야 합니다. 복음을 전하기 위해서, 해외에서 헌신하는 선교사들을 위해, 가난하고 소외된 사람들을 위해 물질을 사용해야 합니다. 이것이 하늘에 보물을 쌓는 행위입니다. 하나님 나라에 투자하면 더 크고 좋은 보상을 받게 됩니다.

모든 물질을 자신들만을 위해 사용하는 가정은 매우 폐쇄적이고 이기적인 가정입니다. 신앙의 열매를 맺기가 어렵습니다. 재물은 언젠가는 좀먹고 도적이 들며 아무 소용이 없게 됩니다. 그것을 분별하는 지혜가 필요합니다. 구제 역시 훈련입니다. 나중에 부자가 되면 구제한다는 말은 거짓말입니다. 적은 돈으로 구제하는 사람이, 나중에 큰돈이 있을 때도 구제할 수 있습니다. 지금부터 구제를 실천하다 보면 구제가 습관처럼 가능해지며 당신의 구제를 통해 하나님 나라가 확장됩니다. 믿음의 가정은 구제를 통해 재물을 선하게 유통합니다. 구제를 통한 선행도 하늘나라에 확실히 투자하는 것입니다. 그러한 이타적 가정은 세상에서도 반드시 복을 받는 것이 영적인 법칙입니다. 당신이 구제한 사람들을 하늘나라에서 만날 꿈을 그려 보십시오.

> "흩어 구제하여도 더욱 부하게 되는 일이 있나니 과도히 아껴도 가난하게 될 뿐이니라 구제를 좋아하는 자는 풍족하여질 것이요 남을 윤택하게 하는 자는 자기도 윤택하여지리라"(잠 11:24-25).

결혼 초부터 적은 돈이라도 떼어서 가난한 사람들을 돕기 시작하십시오. 그리고 재정 형편에 따라 구제를 늘려 나가십시오. 그러한 가정은 오히려 풍족하고 윤택한 삶을 살게 된다는 하나님의 약속을 믿으시기 바랍니다.

3. 빚은 불행의 씨앗이다

　우리가 사는 세상은 오히려 돈 빌리기를 권합니다. 하지만 그것은 성경적이지 않습니다. 성경은 빚을 지지 말라고 말씀하고 있습니다. 빚은 비싼 대가를 치르게 하고, 재정적으로 가정을 망칠 수 있습니다. 몇 가지 원칙을 가지고 빚지지 않는 생활을 하시기 바랍니다.

　첫째, 새로운 가정을 출발하면서 빚이 남아 있다면 무조건 빨리 탈출
　　　하십시오.
　둘째, 신용카드는 매달 갚을 수 있을 만큼만 사용하십시오.
　셋째, 지출하기 전에 꼭 필요한 것인지 먼저 생각하십시오.
　넷째, 빚으로부터 해방되기 위한 목표를 세우십시오.
　다섯째, 새로운 빚을 지지 마십시오. 빚은 노예의 삶으로 가는 지름길
　　　　입니다.

　　　"부자는 가난한 자를 주관하고 빚진 자는 채주의 종이 되느니라"
　　　(잠언 22:7)

　육신의 정욕과 안목의 정욕과 이생의 자랑을 위해 소비하고 있다면 빨

리 멈추십시오. 더욱 큰 집, 멋진 자동차, 명품을 가지기 위함이라면 그것은 허영입니다. 작은 빚이 커다란 올무가 되어 우리의 가정과 인생을 망친다는 것을 기억하십시오.

또한 사업 때문에 빚을 지려고 한다면 멈추십시오. 제2금융권의 빚은 절대 져서는 안 됩니다. 신용카드 빚도 안 됩니다. 소비를 하거나 일을 계획함에 있어 돈이 없어 길이 막히면 포기하든지 기다리십시오. 때로는 포기도 전략일 수 있습니다. 조급함은 하나님을 신뢰하지 못함에서 오는 것이며, 조급할 때 큰 실수를 하게 마련입니다. 급할수록 하나님께 기도로 부르짖으십시오. 그리고 완전하신 하나님의 응답과 인도하심을 기다리십시오. 믿음으로 인내하는 사람은 주께서 주시는 결말을 보게 될 것입니다. 또한 적은 소득이라도 일정 부분 저축하십시오. 티끌 모아 태산이 됩니다.

요즘 젊은이들은 부모에게서 경제적으로 독립하지 못하고 지나치게 의존하는 경향이 있습니다. 정확하게 말하면, 부모에게 신세를 지는 것도 빚지는 것과 똑같습니다. 자녀가 안쓰러워 부모가 일시적으로 도움을 줄 수는 있지만, 성인이 되었는데도 부모를 의존하려는 것은 건강하지 못할 뿐만 아니라 결혼생활에 여러 문제를 일으킬 수 있습니다. 돈이 있는 곳에 간섭이 있음을 다시 한 번 기억하십시오. 돈 문제로 시댁이나 친정과 갈등이 생겨 상처를 입는 가정이 많습니다. 만일 아직 학업을 마치지 못해서 부득이 부모의 도움을 받는 경우라도, 속히 독립하도록 부부가 함께 노력해야 합니다. 또 하나, 성경은 이웃을 위하여 보증을 서지 말라고 경고하고 있습니다.

"너는 사람과 더불어 손을 잡지 말며 남의 빚에 보증을 서지 말라"(잠 22:26).

"내 아들아 네가 만일 이웃을 위하여 담보하며 타인을 위하여 보증하였으면 네 입의 말로 네가 얽혔으며 네 입의 말로 인하여 잡히게 되었느니라"(잠 6:1-2).

형제자매의 딱한 처지를 차마 못 본 척할 수 없어 보증 섰다가 가정이 파탄 나고, 마침내 관계까지 깨어지는 경우를 흔히 봅니다. 보증보다는 힘이 닿는 만큼 도와주고 성의를 다하는 것이 가정을 위한 지혜입니다.

4. 돈에 관해 정직하라

백화점에서 쇼핑을 하던 어느 젊은 부부의 대화를 엿들은 적이 있습니다. "당신이 돈 내." "왜? 지난번에도 내가 냈잖아. 이번에는 당신 카드로 계산해." 이들의 모습을 보면서 과연 남편과 아내가 전대를 따로 차는 것이 옳은 일인지 의문이 들었습니다. 요즘 맞벌이 부부가 늘어나면서 수입을 따로 관리하는 가정이 많은 것 같습니다. 그렇다 보니 배우자가 돈을 어디에 쓰는지도 잘 모릅니다. 때로는 부부 간에도 '누가 더 돈이 많은가' 하며 은근히 경쟁할 수 있습니다. 그렇게 되면 부부 간에 신뢰가 깨지고, 언제든지 만일의 경우⁽?⁾를 예비하며, 때로는 의심하게 됩니다.

부부는 돈에 관해서도 서로 투명해야 합니다. 가정의 재정 형편에 대해서 서로 의논하고, 알려 주고, 같이 결정하면서 미래를 준비해야 합니다. 재정 관리 은사가 있는 한 사람이 돈 관리를 한다 할지라도 부부 간에 돈에 관해서는 비밀이 없어야 합니다. 서로 의심하지 않도록 조심해야 합니다. 돈 때문에 배우자의 마음이 상해서도 안 됩니다.

때로 남편보다 아내가 더 능력 있고, 월급도 많고, 친정도 부자일 수 있습니다. 물론 반대의 경우도 있습니다. 이 경우 매우 조심해야 합니다. 돈으로 상대방을 평가하거나 무시하면 결코 안 됩니다. 돈으로 사람을 조종하는 것은 매우 나쁜 일입니다. 또 돈이 없는 사람이 열등감을 갖도록 해서는 안 됩니다. 부모를 의존하지 말고, 둘이 성실하게 벌며, 수입 전대를 하나로 합쳐서 관리해야 합니다.

부모를 경제적으로 도와야 하는 경우에도 부부의 뜻이 일치해야 합니다. 내 경험으로 볼 때 남편은 처갓집을 더 많이 돕자고 하고, 아내는 시댁을 더 많이 돕자고 하면 갈등이 없을 뿐 아니라 오히려 서로 감사하는 마음이 생기게 됩니다. 돈 때문에 서로 상처를 주지 않도록 조심해야 합니다. 돈 때문에 마음이 상해서 결국 이혼까지 가는 부부가 적지 않다는 사실을 잊지 말아야 합니다.

5. 과소비는 패가망신의 지름길이다

　주위를 둘러보면 온갖 현란한 광고가 우리의 눈과 귀와 입을 자극합니다. 그래서 꼭 필요한 것이 아닌데도 갖고 싶고, 사고 싶고, 입고 싶게 만듭니다. 더 좋은 옷, 좋은 차, 좋은 물건이 자꾸 등장합니다. 구매의 욕구는 끝이 없습니다. 어떤 사람은 스트레스를 풀기 위해 쇼핑을 한다고 합니다. 그러나 물건이 많을수록 삶은 더 복잡하고 마음에는 만족이 없습니다. 이런 때일수록 과소비로부터 우리 가정을 지켜야 합니다.

　이것은 돈이 사람을 다스리느냐, 사람이 돈을 다스리느냐의 문제이기도 합니다. 또 당신의 궁극적인 만족과 행복이 어디에서 오는가에 대한 영적인 문제이기도 합니다. 명품이나 재물을 모으는 것에 기뻐하지 말고 하나님 한 분만으로 만족하는 삶을 살기 바랍니다. 물질을 모을 재능과 건강을 하나님이 주셨음을 기억하고, 재물 맡은 청지기로서 건강한 소비를 하기 바랍니다. 소비를 절제하기 위해서는 조금 귀찮아도 가계부를 쓰는 습관을 가지십시오. 일일이 기록할 필요는 없고, 전기세, 가스 요금, 경조비, 헌금 및 구제비, 식품 구입비, 외식 등의 큰 항목으로 정리하면 그다지 어려운 일이 아닙니다. 가계부를 쓰면 돈이 새나가는 틈새를 막고, 쓸 돈은 더욱 잘 쓸 수 있으며, 가정의 돈의 흐름을 한눈에 알아볼 수 있습니다. 시장 갈 때는 구매 리스트를 준비하고, 가능하면 대형마트는 가지 않는 것이 과소비를 막습니다. 또 소비하기 전에는 반드시 '이것이 꼭 필요할까? 다른 대안은 없을까?'를 한 번 더 생각해 보십시오. 외식은 한 달에 몇 번 할 것인지 횟수를 정해 놓고, 비싸지 않아도 즐거운 외식이 되도록 계획을 세우십시오.

또 신용카드 대신 가급적이면 현금을 사용할 것을 권합니다. 신용카드로 물건을 구입할 경우 대개 생각한 것보다 더 많이 구입하게 됩니다. 연구에 따르면, 신용카드나 돈을 빌려 사게 되면 현금으로 사는 것보다 보통 35% 이상 더 소비한다고 합니다.

절제하라고 해서 청빈주의나 인색함으로 살라는 뜻이 아닙니다. 절약을 즐겁게 실천해 보십시오. 절약의 습관은 우리 가정의 미래를 위한 투자이며, 지구의 에너지를 지켜 내는 일이며, 재물을 잘 관리하는 선한 청지기의 삶이라는 것을 기억하십시오.

6. 저축은 죄가 아니라 지혜다

신혼 초에 부부가 함께 '선한 부자'가 되기 위한 장기 계획을 세워 보십시오. 우선 아기가 생기기 전에 소비를 최대한 절제하면서 종잣돈 마련을 위해 노력하십시오. 불필요한 지출을 줄이고 수입의 50% 이상을 적립식 펀드와 같은 저축으로 시작해 보십시오. 특히 내 집을 마련하려면 철저한 계획을 세워야 합니다. 청약상품을 들고 절세와 비과세 상품을 가입하는 것도 방법입니다. 크리스천 재정 플래너의 도움을 받아도 좋습니다. 투자는 나이가 아직 젊으므로 안정성과 수익성을 함께 고려하고 이왕이면 세금우대나 소득공제를 받을 수 있는 방법을 찾아야 합니다. 가장 중요한 것은 절대 원금 손실이 없도록 투자해야 합니다. 조급한 마음은 금물입니다. 일확천금이나 요행은 아예 꿈도 꾸지 마십시오. 욕심을 버리고 성실한 마음으로 차근차근 나아가십시오. 사람이 아무리 머리를 써서 계획하고 경영해도, 응답과 성취는 오직 여호와께로부터 온다는 것을 인정하십시오(잠 16:1).

인생을 살다 보면 예기치 않은 일이 발생할 수 있습니다. 그래서 갑작스러운 일에 대비하는 마음으로 적절한 보험을 준비해야 합니다. 보장성 보험은 일찍 가입할수록 보험료가 저렴해서 부담이 적습니다. 가장을 중심으로 종신보험을 들어 두는 것이 미래의 위험을 대비할 수 있어서 좋습니다. 가끔 저축과 보험은 하나님을 신뢰하지 않는 것이라고 생각하는 사람들이 있습니다. 그러나 하나님의 신에 감동되었던 요셉도 풍년 때에 곡식을 모아 두었다가 가뭄 때에 자신을 포함하여 많은 사람의 생명을 구했습니다.

"지혜 있는 자의 집에는 귀한 보배와 기름이 있으나 미련한 자는 이것을 다 삼켜 버리느니라"(잠 21:20)는 말씀처럼 지혜로운 가정이 되기를 바랍니다.

여기서 잠깐

1. 나는 건강한 지출을 하고 있습니까? 나의 재정 상황을 살펴보고, 틈새는 없는지 예비 배우자나 배우자와 나누어 보십시오.

   _____
   _____
   _____

2. 나는 수입의 얼마를 하나님 나라 확장을 위해 사용합니까?

   _____
   _____
   _____

3. 예비 배우자나 배우자와 함께 가정의 재정을 어떻게 꾸릴지 의논해 보고 하나님께서 주시는 지혜를 따르시기 바랍니다.

   _____
   _____
   _____

03

꿈과 비전을 키우라

"너희는 먼저 그의 나라와 그의 의를 구하라 그리하면 이 모든 것을 너희에게 더하시리라"(마 6:33).

내 삶의 우선순위에 하나님을 놓는다면, 돈이나 재물은 저절로 제자리를 찾게 됩니다. 들에 백합화도 아름답게 입히시는 하나님이 우리의 일용할 양식과 필요를 다 채우신다는 믿음으로 시작하십시오.

1. 선한 부자를 꿈꾸라

　결혼은 같은 방향을 바라보며 걸어가는 장기적인 등산이라고 말씀드렸습니다. 소망을 가지고 멀리 바라보십시오. 현재의 위기나 어려움으로 서로를 제한하지 마십시오. 믿음으로 우리 가정의 꿈과 비전을 크게 품으십시오. 혹시 부모가 가난하게 사셨다 해도, 그리고 현재 비록 가난하더라도 하나님의 무한한 복을 제한하지 마십시오. 항상 믿음으로 도전하는 삶을 사십시오. 하나님 아버지는 부요한 분이며, 우리에게 번영을 주시는 분입니다.

　신혼 초부터 우리 가정은 '선한 부자'로 성장하겠다는 긍정적인 마인드를 가지십시오. '선한 부자'란 나누어 주는 사람입니다. 그러한 꿈을 머릿속에 그리고, 비전을 하나님께 올려드리십시오. 비전은 삶의 원동력이며, 어려움을 뛰어넘는 힘과 활력소를 제공합니다.

　'무엇 때문에 열심히 일해야 하는가? 왜 돈을 모아야 하는가?' 하는 물음을 갖고 처음 품은 꿈을 잊지 마십시오. 하나님의 자녀들은 '나 하나 잘 먹고 잘살기 위해' 사는 이기적인 삶을 살아서는 안 됩니다. 하나님이 주시는 부요함으로 무엇을 할 것인가에 대해 늘 꿈을 키워 나가십시오.

　우리 부부는 신혼 초에 우리 집에서 많은 사람들이 함께 모여 찬양하고 말씀을 공부하는 꿈을 꾸었습니다. 그리고 꿈의 실행을 나중으로 미루지 않았습니다. 당장은 너무나 작은 공간이지만 언제나 사람들이 모이는 곳으로 개방했습니다. 손님 접대를 예상하여 50개 이상의 그릇과 접시를 미리 장만하고, 여분의 테이블과 의자를 구입했습니다. 조금씩 넓은 공간으로 이사 갈 때마다 "하나님, 이 장소가 더 많은 사람들이 모이는 예배와 세미나의 장소가 되게 하옵소서. 선교와 중보기도의 터전이 되게 하옵소서"라는 기도를 올려드렸습니다. 하나님은 우리의 꿈을 넘치도록 응답하셨습니다. 지금 우리 집은 항상 손님을 초대하고 접대하는 곳이 되었습니다. 50개 이상의 의자가 갖춰졌으며 언제든지 세미나 룸으로 활용할 수 있는 열린 공간이 되었습니다.

2. 지금 맡겨진 일에 최선을 다하라

작은 일에 최선을 다하는 사람에게 하나님은 큰일을 맡기십니다. 현재 자신이 하고 있는 일이 마음에 들지 않더라도 주님께서 맡기신 일로 여기고 최선을 다하십시오. 매 순간 청지기로서 정성을 다해 일터와 사람들을 섬기십시오. 누군가 당신을 바라보고 있음을 잊지 마십시오. 최고의 삶을 살고 싶다면, 지금 맡겨진 작은 일에 혼신의 노력을 기울이십시오. 성실함은 최고의 종잣돈입니다. 너무나 평범한 진리지만, 막상 매일의 삶에서 이를 실천하는 사람은 많지 않습니다. 작은 일에 충성하기 위해, 끊임없이 자신의 전문성을 개발하십시오. 지금 맡겨진 일을 위해 연구하고 성장하십시오. 작은 일에 인정받기 시작하면, 반드시 성공과 부요함이 따를 것입니다. 그것이 세상의 이치이기도 합니다.

> "…착하고 충성된 종아 네가 적은 일에 충성하였으매 내가 많은 것을 네게 맡기리니 내 주인의 즐거움에 참여할지어다"(마 25:21).

또 항상 옆에 있는 사람과 좋은 관계를 유지하며 주위 사람들에게 선을 베푸십시오. 이상하게도 돈을 따라가면 돈을 잃게 되지만, 사람을 얻게 되면 돈도 더불어 따라옵니다. 돈에 집착하거나 사랑하지 말고 사람을 소중하게 여기십시오. 인색함을 버리고 어려울 때 내가 먼저 시간과 물질로 도우십시오. 서로 신뢰하며 돕는 친구들을 만들어 우정과 사랑이 당신의 자산목록 1호가 되게 하십시오.

"불의의 재물로 친구를 사귀라"(눅 16:9)고 했습니다. 불의한 청지기는 돈을 사람들과의 관계를 위해 투자함으로써 자신의 미래에 도움이 되도록 지혜롭게 처신했습니다. 우리도 시간과 영향력을 지혜롭게 사용해야 합니다.

이제 항상 자족하며 감사의 말을 함으로 부자의 마인드를 습관화하십시오. 살다가 고난과 실패가 있을지라도 좌절하거나 미리 포기하지 마십시오. 염려하지 마십시오. 실패는 배움의 기회일 뿐입니다. 부정적 사고를 버리고 항상 긍정적 사고와 말을 사용하십시오. 약속의 땅을 바라보십시오. "네가 네 하나님 여호와의 말씀을 청종하면 이 모든 복이 네게 임하며 네게 이르리니"(신 28:2)라는 약속을 믿으십시오. 하나님의 방법대로만 살기로 작정하면, 모든 복이 어김없이 당신의 가정에 넘칠 것입니다. 하나님을 가정의 첫 자리에 놓고 오직 그분만을 믿고 신뢰한다면 돈이나 재물은 우리 삶에서 제자리를 찾게 될 것입니다. 후에 일생을 마치면서 우리 가정에게 부어 주신 모든 복이 모두 하나님께로부터 왔다는 놀라운 고백이 당신의 삶 속에 있기를 바랍니다.

"히스기야가 그 더미들에 대하여 제사장들과 레위 사람들에게 물으니 사독의 족속 대제사장 아사랴가 그에게 대답하여 이르되 백성이 예물을 여호와의 전에 드리기 시작함으로부터 우리가 만족하게 먹었으나 남은 것이 많으니 이는 여호와께서 그의 백성에게 복을 주셨음이라 그 남은 것이 이렇게 많이 쌓였나이다"(대하 31:9-10).

여기서 잠깐

1. 우리 가정에 주신 하나님의 꿈은 무엇입니까? 하나님이 주시는 부요함으로 무엇을 할 것인가에 대한 꿈을 키워 나가십시오. 서로 그 꿈을 나누어 보십시오.

　
　
　

2. 일할 수 있는 지금이 행복한 때입니다. 일할 수 없는 날이 오기 전에 무엇을 준비하고 있습니까?

　
　
　

3. 우정과 관계를 위해 물질을 사용한 경험이 있습니까? 그 결과가 어떠했는지 나누어 보십시오.

Question

제 아내는 연말연시만 되면 선물을 마련한다는 이유로 충동구매를 합니다. 선물은 본래 형편에 맞게 준비하는 것 아닌지요? 아내는 전업주부인데 경제관념이 부족해서 수입과 상관없이 너무 많은 물건들을 사들입니다. 이럴 땐 어떻게 해야 할까요?

Answer

우선 아내가 정말로 충동구매를 하는 것인지, 아니면 혹시 남편이 인색할 정도로 절약을 강조하고 있는 건 아닌지를 살펴보기 바랍니다. 그러나 정말로 아내의 소비가 지나치다면 그 원인을 헤아려 보기 바랍니다. 혹시 아내는 사랑 결핍과 공허감으로 소비에 집착할 수도 있습니다. 어떠한 경우라도 아내가 경제관념 없이 물건을 자꾸 사들이는 이유와 그 동기를 이해하기 바랍니다. 그런 후에 다음의 단계를 실천해 보십시오.

첫째, 남편이 아내를 더욱 사랑하기 바랍니다. 야단치지 마십시오. 사람은 야단쳐서 변화되지 않습니다. 오히려 사랑을 더욱 표현해 보십시오. 혹시 아내가 사랑 결핍이라는 성장 배경을 갖고 있다면 더욱 지속적인 사랑의 표현이 필요합니다. 안정감과 안전감을 충분하게 느낄 수 있을 때까지 남편은 아내를 치유하는 마음으로 인내를 가지고 사랑을 표현해야 합니다.

둘째, 남편 자신의 마음과 좌절을 전달하십시오. 이를테면 "여보, 내가 가난하게 자라서 소비를 많이 하면 미래에 대해 두려움이 생기는데 어떻게 하지?" 하며 아내에게 자신의 입장을 이해시키십시오.

셋째, 아내가 건전한 방향으로 시간을 보낼 수 있도록 배려하십시오. 아내가 쇼핑 채널을 즐겨 보고 있지는 않은지, 백화점에 다니는 것이 취미가 된 것은 아닌지를 살펴보십시오. 만약 그렇다면 아내에게 여러 배움의 기회를 통해 시간을 긍정적으로 사용하도록 돕는 것도 한 방법입니다. 아내의 은사와 재능을 살려서 정신적으로도 성장하도록 도우십시오. 또 남편이 아내와 함께하는 시간이 너무 적은 것은 아닌지도 점검해 보십시오. 그리고 부부가 함께할 수 있는 운동이나 산책, 문화 활동 등 건전한 부부 활동을 하기 바랍니다.

마지막으로, 아내에게 얼마간의 여유자금을 주십시오. 어디에 사용했는지 묻지 않을 수 있는 약간의 돈, 조금 낭비해도 눈감아 줄 수 있는 자금을 주고 아내가 스스로 건전한 소비를 배울 때까지 기다려 주십시오. 무엇보다 남편이 아내를 더욱 사랑하고 용납한다면 아내는 스스로 자신의 잘못을 되돌아보게 될 것입니다.

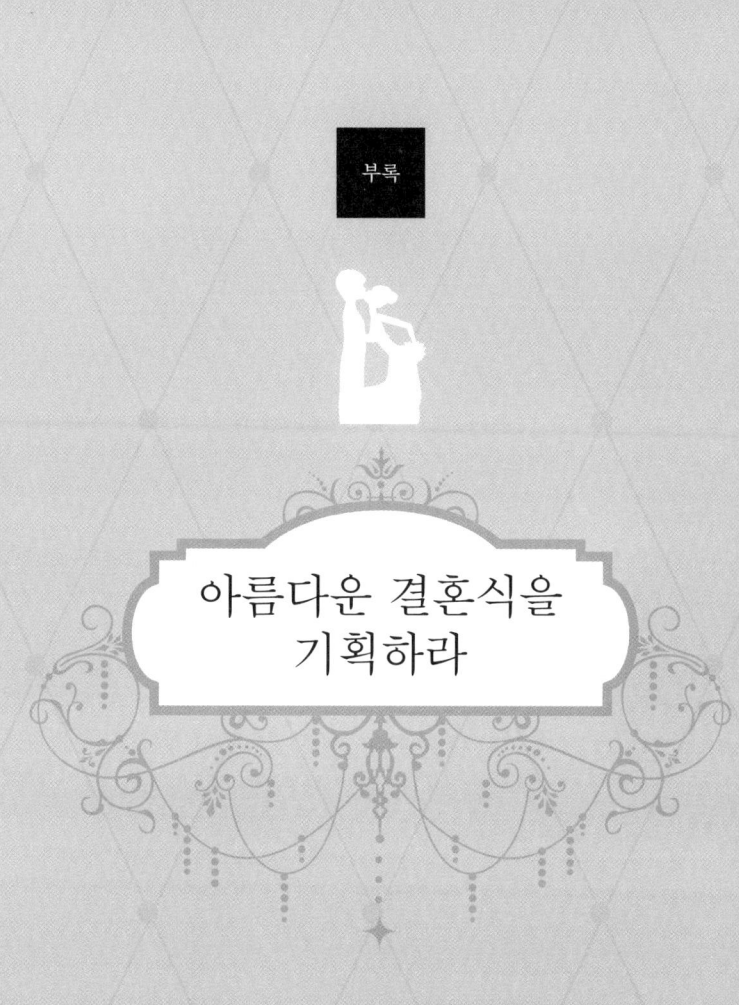

아름다운 결혼식을 기획하라

— introduction —

　일생의 단 한 번뿐인 결혼식, 누구나 가장 아름답고 기억에 남는 결혼식을 만들고 싶을 것입니다. 집안 어르신이나 친구들로부터 "결혼식이 정말 멋있었다"는 찬사를 받고 싶은 것이 모든 신랑 신부의 바람일 것입니다. 결혼식을 구체적으로 기획하고 준비하기 전에 먼저 하나님께서 기뻐하시는 결혼식, 하객에게 선한 영향력을 끼치는 결혼식이 되게 해달라고 기도하고, 하나님의 인도하심에 귀 기울이기 바랍니다. 세상의 유행을 따르거나 남들이 하는 대로 따라 하지 말고 결혼식을 더욱 창조적으로 준비하고 기획하기 바랍니다. 요란하고 사치스러운 결혼식이 아닌 의미가 있고 감동이 넘치는 '우리만의 결혼식'을 만들어 보십시오. 조금만 신경 쓰면 영원히 기억될 영화 같은 장면도 연출할 수 있습니다.

　대부분의 결혼식이 늘 판에 박힌 듯 똑같아서 별 기대감 없이 참석하는 경우가 많습니다. 그래서 조금만 예식 시간이 길어도 짜증을 내는 하객이 있는가 하면 예식은 참석도 않고 식사만 하고 가는 하객도 있습니다. 혼주에게 얼굴만 보이고 돌아서는 분도 있고 예식이 끝날 즈음에 얼굴을 내미는 분도 있습니다.

　그러나 결혼식은 하객에게도 인생의 여정에서 진정한 사랑과 가정의 소중함에 대해 다시 생각해 볼 수 있는 교육의 현장이 될 수 있습니다. 선교의 차원에서 본다면 기독교 문화를 소개할 수 있는 절호의 찬스이기도 합니다. 하객 중에는 평생 교회의 문턱도 밟아 보지 않은 분들이 있을 것입니다. 또 교회에 대해 거부감을 가지고 있는 분들도 있을 것입니다. 그런 분들에게, 나의 결혼식을 통해 경건하고 감동적인 예수님의 사랑을 소개할 수 있기를 바랍니다.

결혼예배

　결혼식은 하나님 앞에서 '두 사람이 연합하여 한 몸을 이룬다'는 엄숙한 언약식입니다.

> "그런즉 이제 둘이 아니요 한 몸이니 그러므로 하나님이 짝지어 주신 것을 사람이 나누지 못할지니라…"(마 19:6)

　두 사람의 결혼에 거룩한 인을 치며 증거하시는 분이 바로 하나님이십니다. 즉 결혼은 두 사람 사이의 상호계약이 아니라, 거룩하신 하나님 앞에 올리는 서원입니다. 따라서 결혼을 깨는 것은 하나님과의 서원을 어기는 것과 동일한 것으로 여겨집니다(말 2:14-16). 그렇기에 결혼식은 하나님께 드리는 엄숙한 헌신의 예배가 되어야 합니다. 시끌벅적한 이벤트가 되지 않도록 기획해야 합니다. 장소를 선정할 때도 아름다운 예배당을 선택하면 가장 좋지만, 외부에서 하더라도 정숙한 예배 분위기를 유지해야 합니다. 물론 전통적인 예배 형식을 고수할 필요는 없습니다. 불신자가 부담스럽지 않도록 배려하면서 자연스레 예배에 몰입할 수 있도록 하면 좋습니다. 깔끔하고 편안하고 감동적인 결혼 예배를 통해 하나님께 영광을 돌리고, 사람들에게는 진리를 소개할 수 있는 복된 예식이 되기를 바랍니다.

감동이 있는 결혼식

　어느 결혼식에서 신부가 아버지 대신 신랑의 손을 잡고 입장하는 것을 보았습니다. 사연을 들어 본즉, 신부의 아버지가 3년 전에 세상을 떠나셨다는 것입니다. 사실 결혼식은 유난히 부모와 가족이 생각나는 날이기도 합니다. 특히 부모 중에 한 분이 안 계시면 더욱 그리워지는 날입니다. 그것을 이해한 신랑이 신부의 마음을 헤아려 "이제부터는 내가 당신의 보호자니까 입장할 때도 내가 당신을 데리고 들어갈게요" 했다고 합니다. 신부의 쓸쓸한 마음을 배려한 신랑의 의젓함과 사랑이 참으로 든든하게 느껴졌습니다.

　또 다른 결혼식의 이야기입니다. 보통 결혼식장에서는 양가가 마주보고 서서 들어오는 하객에게 인사를 하는 것이 관례입니다. 그런데 양가 부모와 신랑이 모두 함께 서서 손님들을 맞이하면서 "우리 아들입니다, 우리 사위입니다. 저희 사돈되시는 분입니다" 하며 일일이 소개해 주었습니다. 나중에 사연을 들어 보니, 한쪽 집안의 하객이 너무 적어서 그렇게 했다는 것입니다. 상대방 가족의 형편까지 돌아보는 넉넉한 배려에 따스한 예수님의 사랑이 느껴졌습니다.

　또 어느 결혼식에서는 예식이 진행되기 몇 분 전에 스크린을 통해 신랑 신부의 어린 시절부터 웨딩 사진까지 하나하나 보여 주었습니다. 잔잔한 음악과 함께 개구쟁이 시절부터 풋풋한 웨딩 사진까지 화면에 흐르니까 소란스런 분위기가 금세 잦아들면서 하객들이 즐거워했습니다. 보는 저의 마음까지 흐뭇했습니다. 그리스도인은 어느 때를 막론하고 기회가 있을 때마다 항상 그리스도의 향기를 전하는 삶을 살아야 합니다. 계산적이고 상업적인 결혼식보다는, 모든 이들에게 사랑과 의미와 감동을 전달하는 예식이 될 수 있도록 자신의 결혼식을 기획할 수 있기를 바랍니다.

주례와 주례사

　결혼식은 하나님 앞에 드리는 경건한 예배이기 때문에 주례는 목사님이 맡는 것이 좋습니다. 자신이나 부모가 출석하는 교회의 목사님이나 평소 신랑 신부가 존경하는 목사님, 혹은 평소에 신랑 신부를 아끼고 사랑해서 축복과 격려, 따뜻한 당부의 메시지를 전달해 줄 수 있는 목사님이면 좋을 것입니다.
　목사님이 아니더라도 존경 받는 인사를 초청해도 괜찮습니다. 그러나 명심할 것은 반드시 예수 그리스도를 주님으로 섬기며 믿음의 본이 되는 분이어야 한다는 점입니다. 결혼식을 축복과 기도로 이끌어갈 수 있는 분을 선택하십시오. 아무리 유명한 사람이라도 예수님을 모르는 사람은 결혼 예배에 적합하지 않습니다. 하나님이 기뻐하시는 예배로 만드십시오.
　결혼식에서 주례사는 매우 중요한 핵심을 차지합니다. 주례사는 신랑 신부가 일생 동안 결혼생활에서 꼭 붙들고 살아야 할 잊지 못할 말씀이어야 합니다. 또 결혼식에 참석한 하객들에게도 감동과 의미를 줄 수 있어야 합니다.
　사실 신랑 신부는 그날의 주인공인 만큼 긴장해서 주례사 내용이 귀에 들어오지 않을 수 있습니다. 따라서 신랑 신부가 긴장한 중에도 평생 마음에 간직할 수 있도록 주례자가 주례사를 잘 전달해야 하며, 예식 후 주례사를 주어 신랑 신부가 간직하도록 하면 좋습니다.

주례사는 7~8분을 넘지 않는 선에서 신랑 또는 신부의 좋은 점을 칭찬해 주거나 덕담을 해 주면 좋습니다. 그러나 어느 명문대를 졸업했고, 어느 직장을 다닌다는 등 세상의 자랑을 늘어놓는 것은 그다지 덕이 되지 않습니다. 다음은 주례사의 예시입니다.

〈주례사의 예 1〉

오늘은 새로운 가정이 탄생하는 복된 날입니다. 결혼은 새로운 가정과 가문을 세우는 중요한 사건입니다. 이제 두 사람은 '숭고한 사랑'을 기초로 새로운 가정을 일구어 나갈 것입니다. 그런데 '숭고한 사랑'이란 과연 무엇입니까. 그것은 세상적 사랑을 말하는 것이 아닙니다.

흔히 사랑을 좋은 느낌, 뜨거운 감정, 두근거리는 가슴, 너를 소유하고 싶은 욕정과 같은 것이라 착각합니다. 그러나 그러한 감정적 사랑, 가슴이 콩닥거리는 느낌, 자아도취와 같은 것은 진정한 사랑이 아닙니다.

결혼하고 나면 사랑하던 감정은 변할 수도 있고, 살다 보면 냉랭해질 수도 있습니다. 그러나 부부는 여전히 사랑을 지속할 수 있습니다. 왜냐하면 진정한 사랑은 의지이며, 책임감이며, 결단이며, 헌신이기 때문입니다.

오늘 함께 읽은 성경의 본문 말씀 '고린도전서 13장'은 진정한 사랑이 무엇인지, 참사랑의 속성에 대해 설명하고 있습니다. 성경은 사랑이 낭만적이거나 감정적인 것이라고 설명하고 있지 않습니다. 사랑은 오래 참고, 친절하며, 무례하지 않다고 선언하고 있습니다. 그렇습니다. 사랑은 무례하지 않습니다. 다시 말하면 사랑은 상대방을 존중하는 것입니다. 서로 무례해서는 안 됩니다. 서로 존중하고 존경하십시오. 또 사랑은 친절하다고 말씀하고 있습니다. 사랑은 친절한 마음입니다. 그리고 사랑은 자기의 유익을 구하지 않습니다. 그렇습니다. 사랑은 나의 유익을 추구하는 것이 아닙니다.

그래서 자기중심적이고 이기적인 사람은 배우자를 사랑하기 어렵습니다. 이타적인 사람, 자기보다 배우자를 먼저 생각하는 이타성이 사랑입니다. 배우자의 유익을 위해 나를 희생할 줄 아는 성숙한 사람이 진정 배우자를 사랑할 수 있습니다.

이제 두 사람은 사랑을 배워 나갈 것입니다. 서로의 인격을 존중하는 사랑을 훈련하십시오. 남편이 아내를, 아내가 남편의 인격을 존중하기 바랍니다. 또 서로 친절하기를 노력하십시오. 타인보다 배우자에게 더욱 친절하십시오. 자기의 유익보다 상대방의 유익을 위해 희생을 실천하다 보면 오히려 내가 행복해지는 것이 사랑의 법칙입니다. 그래서 사랑은 배우는 것입니다. 사랑은 훈련입니다. 이제부터 살아가면서 사랑을 더욱 배우게 될 것입니다. 그런데 살다 보면 서로 사랑하기 어려울 때가 있습니다. 그러한 순간에 하나님께 엎드리십시오. "하나님, 남편(아내)을 사랑할 수 있도록 도와주십시오. 하나님의 사랑을 저에게 부어 주십시오"라고 기도하십시오.

사랑은 대상의 문제가 아니라, 나 자신의 문제입니다. 상대방이 사랑스러워서 사랑하는 것은 틀린 말입니다. 사랑스럽지 않아서 사랑할 수 없다는 말도 틀린 말입니다. 나에게 사랑이 있으면 어떤 사람도 사랑할 수 있고, 나에게 사랑의 능력이 없으면, 어떤 사람도 사랑할 수 없습니다. 사랑은 대상의 자격이 문제되지 않습니다. 사랑은 사랑하는 주체의 자질과 능력의 문제인 것입니다.

그래서 상대방이 사랑스러울 때뿐 아니라 사랑스럽지 않을 때에도, 아름다울 때뿐 아니라 아름답지 않을 때에도, 존경스러울 때뿐 아니라 존경스럽지 않을 때에도 사랑하기로 결단하고 노력하는 것이 진정한 사랑이라는 것을 잊지 마십시오.

이제 두 사람은 사랑의 훈련장에 들어왔습니다. 날마다 사랑을 배우며 실천하십시오. 서로 친절하십시오. 서로 인격을 존중해 주십시오. 그리고 매일 자기의 이기심을 내려놓고, 배우자를 위해 사랑의 약속을 실천해 보십시오.

살다 보면 어려운 일도 있을 것입니다. 혹시 남편이 실직을 하더라도,

새로 구입한 자동차를 찌그러뜨렸을 때라도, 실수로 거금을 날렸을 때라도 "자동차보다도, 돈보다도 당신이 더 귀한 존재입니다"라고 표현해야 합니다. 그리고 이제부터 사람들 앞에서 "저의 사랑하는 아내입니다", "저의 소중한 남편입니다"라고 소개하십시오.

처음에는 쑥스러워도 사랑을 표현해 보십시오. 사랑은 표현해야 하는 것입니다. 표현해야 사랑받고 있음을 알지 않겠습니까? 표현해야 사랑이 흐르는 법입니다.

우리 모두는 이기적인 본성을 가지고 있습니다. 그래서 이타적 사랑, 친절한 사랑, 희생적 사랑이 불가능할 때가 있습니다. 자기자신을 들여다보십시오. 사람 속에는 진정한 사랑이 존재하지 않습니다. 그래서 우리는 날마다 하나님의 사랑을 의지할 수밖에 없습니다.

사랑의 근원이신 하나님은 우리를 죄에서 구원하기 위해 예수 그리스도를 통해 십자가의 희생으로 사랑을 나타내셨습니다. 그러한 하나님의 숭고한 사랑을 날마다 배우면서, 가정에서 사랑하기 위해 노력하기 바랍니다.

오늘 새로운 가정을 시작하는 두 젊은이에게 당부하고 싶습니다. 하나님으로부터 사랑을 배우십시오. 그리고 그 사랑을 훈련하며 실천하십시오. 사랑은 노력입니다. 서로 배우고, 성장하면서 겸손한 마음으로 사랑을 실천하십시오. 그러면 아무리 세상이 각박해도 두 사람의 가정은 견고하고 튼튼하게 발전할 것입니다. 하나님의 손을 꼭 붙잡고 의지하면서 자녀도 많이 낳고, 서로 사랑하십시오. 나라와 민족에도 기여하는 복된 가문을 만들어 가는 두 사람이 될 수 있기를 축복하면서, 주례사를 마칩니다.

감사합니다.

〈주례사의 예 2〉

오늘은 정말 기쁜 날입니다. 부모님의 오랜 기도가 응답되는 날이고, 새로운 가정이 탄생되는 뜻 깊은 날입니다. 결혼은 하나의 가문을 설립하는 역사적인 일이기도 합니다. 가문을 만드는 것이 결혼입니다.

요즘 많은 젊은이들이 요란하고 화려하게 결혼식을 올리지만, 막상 결혼의 목적과 의미에 대해서는 미처 생각해보지도 않은 채 결혼생활을 시작하는 경우가 많습니다. 어디로 신혼여행을 갈 것인가는 연구하면서도 막상 결혼생활에 대해서는 연구를 하지 않는 것 같습니다. 결혼도 공부하고 준비해야 합니다. 공부하는 결혼은 행복할 수 있습니다.

남자와 여자의 차이와 서로 다른 성격의 차이에 대해서도 이해하고 공부해야 합니다. 또한 결혼 후에 있을 수 있는 갈등과 그러한 갈등을 어떻게 대화를 통해 풀어갈 것인가의 부부 대화법도 공부해야 합니다. 또한 가정경제에 대해서도 배워야 합니다. 어떻게 재정을 관리할 것인가, 돈 관리에 대해서도 한번쯤 공부하고 의논해야 합니다. 돈을 올바르게 벌어서, 선하게 사용할 수 있어야 합니다.

무엇보다도 중요한 것은 돈이 인생의 목적이 되어서는 안 된다는 것을 기억해야 합니다. 어느새 자신도 모르게 돈을 따라가다 보면, 가족과 배우자는 황폐해진다는 것을 명심해야 합니다. 오늘 두 사람, 돈 벌어서 좋은 일 많이 하는 선한 부자 가문으로 살 수 있기를 바랍니다.

그리고 사랑에 대해서도 배워야 합니다. 사랑이 무엇입니까. 사랑은 감정이 아닙니다. 서로 끌리는 감정만이 사랑이 아닙니다. 너를 소유하고 싶은 욕구도 진정한 사랑이 아닙니다. 사랑은 너의 문제가 아니라, 나의 문제입니다. 대상의 문제가 아니라, 나의 성품 문제입니다. 즉 네가 사랑스러워서 사랑한다는 말은 틀린 말입니다. 네가 사랑스럽지 않아서 사랑할 수 없는 것도 잘못된 말입니다. 사랑은 나의 인격입니다. 내가 사랑의 능력이 있으면 어느 누구도 사랑해 내는 것이고, 내가 사랑의 능력이 없으면 사랑 못할 뿐입니다. 사랑은 나의 성품이며 인격이며 능력입니다. 사랑은 나의 책임감입니다. 그래서 사랑은 배우고 훈련해야 합니다.

사랑은 추상적인 단어나 개념이 아닙니다. 신약성경 고린도전서 13장에서는 사랑에 대해서 이렇게 말씀하고 있습니다. Love is kind. 사랑은 친절한 것이라고 가르치고 있습니다. 친절한 말 한 마디, 친절한 성품이 사랑입니다. 사랑은 무례하지 않다고 말씀하고 있습니다. 서로 예의를 지키십시오. 부부간에도 무례하지 않고 예의를 지키며 서로 존중하는 것이 사랑입니다.

  그리고 사랑은 자기의 유익을 구하지 않는다고 가르치고 있습니다. 나보다는 당신의 유익을 위해, 때로는 희생하고, 때로는 이기심을 버리려는 노력이 사랑입니다. 우리는 모두 이기적인 성품을 가지고 있습니다. 그러나 성공적인 결혼생활을 위해서는 이기심을 내려놓고 이타심을 훈련해야 행복할 수 있습니다.

  마지막으로 사랑은 진리와 함께 기뻐한다고 성경은 선포하고 있습니다. 이것은 굉장한 말입니다. 어느 책에서 사랑을 이렇게 묘사할 수 있을까요? 사랑은 진리와 함께 기뻐하는 것이라는 놀라운 말씀입니다. 두 사람이 아무리 부자가 되어도, 진리를 저버리면 진정한 사랑은 불가능합니다. 서로 진리 가운데 서 있을 때, 서로의 진정한 사랑도 가능합니다.

  돈만을 위해 살지 마십시오. 인생의 선한 목적, 꿈, 비전을 세우십시오. 그리고 어떻게 바르게, 진리 가운데 살 것인가, 그러한 고상한 목적에 대해 고민할 수 있기를 바랍니다. 진리 가운데 남편도 성장하고, 아내도 더욱 발전하는 가정을 세우시기 바랍니다. 진리이신 예수님을 잘 믿으면서, 훌륭한 가문을 세워갈 수 있기를 바랍니다.

행복하십시오. 축복합니다.

결혼서약

주례사가 끝나면 주례자는 신랑 신부의 결혼 서약을 인도하게 됩니다. 결혼 서약은 두 사람의 결혼을 인정하며 인 치시는 살아 계신 하나님 앞에서 행하는 엄숙한 서원이며 약속이며 결단입니다.

두 사람의 결혼은 이제 인간적인 감정이나 생각으로 쉽게 깨트릴 수 있는 언약이 아님을 결코 잊어서는 안 됩니다.

결혼 서약문의 내용을 가만히 들여다보면 성경에서 유래된 것임을 알 수 있습니다. '기쁠 때나 슬플 때나, 가난할 때나 부요할 때나, 건강할 때나 병들었을 때나 어떤 일이 있어도 끝까지 사랑하겠습니까?'라는 조건 없는 사랑을 약속하는 질문으로 되어 있습니다. 너무나 아름다운 내용이지만, 너무 오랫동안 반복적으로 사용되어서 구태의연하게 들릴 수도 있습니다. 그래서 같은 의미이지만, 다음과 같은 문구로 바꾸어 볼 수도 있을 것입니다.

또 신랑 신부가 마이크에 대고 직접 큰 소리로 서약문을 낭독하는 것도 좋은 방법입니다.

〈결혼 서약문의 예〉

♡

나 신랑 김이삭은
신부 이레베카를 아내로 맞이하여
아름다울 때뿐만 아니라 아름답지 않을 때에도
사랑스러울 때뿐 아니라 사랑스럽지 않을 때에도
나에게는 그러한 사랑이 없을지라도
하나님의 조건 없는 사랑에 의지하여
남편으로서 끝까지 아내를 아끼고, 보호하며, 사랑하기로
살아 계신 하나님과
여기 계신 모든 분들 앞에서
엄숙히 서약합니다.

♡

나 신부 이레베카는

신랑 김이삭을 남편으로 맞이하여

존경스러울 때뿐 아니라 존경스럽지 않을 때에도

사랑스러울 때뿐 아니라 사랑스럽지 않을 때에도

나에게는 그러한 사랑이 없을지라도

하나님의 조건 없는 사랑에 의지하여

아내로서 끝까지 남편을 돕고, 존경하며, 사랑하기로

살아 계신 하나님과

여기 계신 모든 분들 앞에서

엄숙히 서약합니다.

축가와 음악

결혼식에서 축가는 신랑 신부를 진심으로 축하하는 메시지가 담긴 감동적인 순서입니다. 그러므로 가능하면 신랑 신부의 친구나 가족 등 지인들이 부르는 것이 좋습니다. 직업 가수나 전문인이 부르는 축가나 연주는 아무리 잘 불러도 감동이 없습니다.

축가는 너무 시끄럽거나 기교가 많거나 어려운 곡은 바람직하지 않습니다. 알아듣기 어려운 노래 가사도 피하는 것이 좋습니다. 지나치게 심각하거나 무거운 곡도 결혼식의 분위기를 망칠 수 있습니다. 축가 역시 다른 모든 순서를 고려하여 5분을 넘지 않도록 배려해야 합니다.

어느 결혼식에서는 같은 교회 청년부 회원들이 축가를 불렀는데, 다음과 같은 멘트로 시작했습니다.

"오늘 ○○형의 결혼을 진심으로 축하드리면서 사랑의 마음을 담아 축가를 준비했습니다. 평소 ○○형은 사랑이 많고, 연약한 사람들을 돕고, 부족한 후배들을 늘 격려하는 분이기에 더욱 존경을 담아 축가를 불러 드리고 싶습니다. 두 분, 행복하십시오. 사랑합니다."

노래만 부르는 것보다 훨씬 감동적이고 의미 있었습니다. 또 친구들이 신랑 신부에게 장미꽃 한 송이씩 바치면서 축가를 불렀는데 신랑 신부뿐만 아니라 하객 모두가 감동을 받았습니다. 축가는 노래를 잘 부르는 것보다 감동과 의미 있는 내용이 중요하다는 것을 잊지 마십시오.

 그리고 신랑과 신부의 입장과 퇴장 시에 사용될 음악을 손수 고르는 것도 좋습니다. 일반적으로 이용되는 '한여름 밤의 꿈'이나 '결혼행진곡' 대신 평소 자신이 좋아하는 곡을 사용해도 좋습니다. 단, 지나치게 경박한 곡은 피하는 것이 좋습니다. 아름답고 경쾌하면서도 장엄한 곡을 선정해 보십시오. 클래식 음악을 전공하는 분에게 자문을 구하는 것도 좋습니다. 행진에 맞도록 좋은 음악을 준비하여 자신들만의 특별한 결혼식으로 기획할 수 있기를 바랍니다.

부모님께 인사

　결혼식이 끝날 무렵 신랑 신부가 양가 부모에게 인사하는 순서를 갖습니다. 퇴장을 앞두고 주례자의 인도로 '그동안 키워 주셔서 감사합니다. 잘살겠습니다'라는 의미로 인사를 드리는데, 보통 신부의 부모에게 먼저 인사를 드립니다.
　이때 감사의 마음을 담은 짧은 편지를 낭독하는 것도 감동적입니다. 주의할 것은 너무 장황해선 안 되고 간결해야 합니다. 다음 페이지에 부모에게 드리는 편지의 예가 있습니다.
　자녀들이 인사를 마치면 부모는 앉아서 인사를 받기보다는, 자리에서 일어나 자녀들을 안아 주고 어깨를 두드리며 사랑과 격려를 표현해 주십시오. 이때 조용한 음악을 배경으로 흐르게 하는 것이 좋습니다. 부모님께 드리는 인사가 끝나면 양가 부모와 신랑 신부가 함께 하객들에게 '바쁘신 중에 이렇게 와서 축복해 주셔서 감사합니다. 잘살겠습니다'라는 마음으로 감사의 인사를 드립니다. 그리고 퇴장하는데, 신랑 신부가 앞서서 행진하고, 양가 부모가 뒤따라 퇴장하는 것도 하나의 좋은 방법입니다.
　자신의 결혼식을 창조적으로 의미 있게 기획하여 모든 사람에게 아름다운 기독교 문화와 메시지를 전하는 좋은 기회로 삼기 바랍니다.

〈부모님께 드리는 편지의 예〉

사랑하는 아버지 어머니,
부모님의 따뜻한 사랑과 가르침 덕분에
저희들이 이렇게 소중한 가정을 이루게 되었습니다.
지금 이 자리에 서기까지
자식을 향한 사랑과 헌신,
그리고 수고와 눈물을 저희는 알고 있습니다.
아버지 어머니,
저희가 철없이 속 썩이고, 마음 몰라주고,
가슴 아프게 해드린 일들이 많지만,
늘 그러신 것처럼 용서해 주십시오.
저희는 부모님의 사랑을 통해 하나님의 조건 없는
사랑과 은혜를 경험했습니다.
정말 감사드립니다.
이제 부모님의 은혜에 보답하는 마음으로
저희 둘, 앞으로 끝까지 서로 사랑하며 행복하게 살겠습니다.
아버지 어머니, 감사하고 사랑합니다.

폐백

  폐백을 드려야 하는가는 개인적인 선택의 문제이지 딱히 규칙이 정해진 것은 아닙니다. 그러나 폐백 문화 역시 한 번쯤 생각해 보면 좋겠습니다. 몇 가지 문제점을 지적하자면 다음과 같습니다.

  첫째, 결혼 예식이 끝난 후 따로 준비된 방에서 폐백을 드려야 하기 때문에 막상 주인공인 신랑 신부와 부모는 사라져 버립니다. 그래서 결혼식에 참석한 손님들에게 충분히 감사의 인사를 드릴 수가 없습니다.

  둘째, 폐백 상에 올리는 음식에 대해 한 번 생각해 보아야 합니다. 반드시 현란한 닭 모양을 만들거나 불필요한 음식을 준비할 필요는 없을 것입니다. 요즘은 전통 차와 한과 등으로 간단하고 정갈하게 준비하는 사람도 많습니다. 그리고 대추 등을 신랑 신부에게 던지기보다 부모가 신혼부부의 신혼여행과 앞날을 위해 진심 어린 축복기도를 해 주는 것이 더 좋을 것입니다.

  셋째, 폐백에는 시댁 어른들만 참석하는 것이 관례지만 양가 어른들이 함께 참여하여 축복해 주는 것이 더 복되고 덕이 있는 모습입니다. 다행히도 요즘은 양가 어른들이 함께 참여하는 경우가 많습니다.

  마지막으로, 양가가 합의한다면 폐백 순서를 생략하는 것도 허례허식을 피하는 좋은 방법입니다. 사실 폐백 때 신랑 신부는 아름다운 전통 한복을 입고 사진을 찍습니다. 때문에 폐백을 다른 날에 갖는 방법도 좋습니다. 결혼식 전날 가정에서 갖든지, 아니면 신혼여행에서 돌아와 따로 시간을 갖는 것도 대안이 될 수 있습니다. 다시 한 번 강조하는 것은 남이 하는 대로 똑같이 할 필요는 없습니다. 자신만의 결혼식을 기획하십시오. 아름답고 창조적으로 자신만의 인생을 기획하고 설계하는 태도가 중요합니다. 이 시대를 본받지 말고 하나님의 선하시고 기뻐하시고 온전한 뜻을 분별하여(롬 12:2), 결혼의 행복을 창조해 가는 복이 있기를 바랍니다.

여기서 잠깐

1. 우리(나와 예비 배우자)의 결혼식을 준비하는 과정에서 꼭 하지 않아도 될 것은 무엇일까요? 그러나 두 사람의 뜻이 반드시 통일되어야 합니다.

   _____
   _____
   _____
   _____
   _____

2. 우리만의 결혼식 계획을 세워 보십시오. 서로 의논해서 창조적이고 감동적인 결혼식을 기획해 보십시오.

   _____
   _____
   _____
   _____
   _____